HÉLÈNE CIXOUS:
A SOBREVIVÊNCIA
DA LITERATURA

Flavia Trocoli

HÉLÈNE CIXOUS: A SOBREVIVÊNCIA DA LITERATURA

© Flavia Trocoli, 2024
© Bazar do Tempo, 2024

Todos os direitos reservados e protegidos pela lei n. 9610, de 12.2.1998.
Proibida a reprodução total ou parcial sem a expressa anuência da editora.

Este livro foi revisado segundo o Acordo Ortográfico da Língua Portuguesa de 1990, em vigor no Brasil desde 2009.

Edição Ana Cecilia Impellizieri Martins
Assistente editorial Olivia Lober
Copidesque Joice Nunes
Revisão Luiza Cordiviola
Projeto gráfico e capa Violaine Cadinot
Diagramação Cumbuca Studio
Acompanhamento gráfico Marina Ambrasas
Imagem de capa Hélène Cixous, 1976. © Sophie Bassouls

Apoio

Cientista do Nosso Estado –
E-26/202.666/2019 (247412)

CIP-Brasil. Catalogação na Publicação
Sindicato Nacional dos Editores de Livros, RJ

T761h
Trocoli, Flavia,
Hélène Cixous: a sobrevivência da literatura / Flavia Trocoli. – 1. ed. – Rio de Janeiro: Bazar do Tempo, 2024.
220 p.
ISBN 978-65-84515-76-5
1. Cixous, Hélène, 1937 – Ensaios franceses. 2. Literatura e filosofia. 3. Escrita – Filosofia. I. Título.
24-91900　　　　　　　　　CDD: 844
　　　　　　　　　　　　　　CDU: 82-4(44)

Gabriela Faray Ferreira Lopes - Bibliotecária - CRB-7/6643

Rua General Dionísio, 53 – Humaitá
22271-050 – Rio de Janeiro – RJ
contato@bazardotempo.com.br
www.bazardotempo.com.br

Para Tom e Alice,
mistério vivo que não se indaga,
pelo viver de todo dia.
Para Laura, Caetano, Teresa e Gael,
pelo amor que refaz.

*"A desconstrução está do lado do sim, da afirmação da vida. [...]
A sobrevivência é a vida além da vida, a vida mais que a vida, e o
discurso que sustento não é mortífero, ao contrário, é a afirmação de
um vivo que prefere o viver, o sobreviver à morte."*
Jacques Derrida, *Apprendre à vivre enfin*

*"A tumba é meu ladrilho mágico, minha calçada desigual. Um pé
sobre a calçada mais elevada e torno a subir o passado até aqui. Quando
penso que o meu amigo J.D. afirma, na abertura de seu livro* H.C.
pour la vie, c'est à dire...*, que 'Hélène Cixous tomou partido 'a favor
da vida'. – Ele tinha lido Tombe? – Sim, igual todos os outros textos,
como primeiro leitor. Ainda assim. É que Tombe toma 'o partido da
vida contra a morte, a favor da vida sem a morte, além de uma morte
cujas prova e ameaça não são menos sofridas, enlutadas até na veia e
na respiração, na alma da escrita.'"*
Hélène Cixous, *"Mémoires de Tombe"*

SUMÁRIO

Só-depois, te digo o desejo não me abandona *11*

Refabricar-se com moléculas literárias *37*

A molécula Clarice, a não devoração como prova de amor *55*

Com bisturi, com microscópio, a miopia como procedimento *81*

Das moléculas às migalhas, a criança morta insublimável *97*

Dois átomos, a criança e a guerra, deixar falar os escombros *117*

Molécula Proust, um vasto cemitério cheio de vidas *143*

Molécula Freud, nas ruínas, a criança ressuscitada não sem Proust *165*

Refabricar minha lalemã, moléculas do idioma Cixous *183*

Referências bibliográficas 207

Agradecimentos 217

SÓ-DEPOIS, TE DIGO O DESEJO NÃO ME ABANDONA

"Sobreviver é nossa vocação."[1]
Hélène Cixous, *Jours de l'an*

Duas palavras para Hélène Cixous: literatura e sobrevida

Pensemos, com Cixous, como as folhas que habitam as estantes de nossas bibliotecas sobrevivem às hecatombes.

Nos estudos literários brasileiros, Hélène Cixous é predominantemente conhecida como leitora crítica de Clarice Lispector e de James Joyce. Entretanto, não é somente no Brasil que a obra dela encontra resistência, o que, entre nós, poderia ser atribuído a uma ausência quase completa de traduções de seus livros. Nas linhas finais de *H.C. pour la vie, c'est à dire*,[2] sem negar suas próprias resistências, Jacques Derrida aponta para a questão da legitimação da obra de Cixous. Valendo-se de uma terminologia propositadamente mercadológica, ele nos diz que, embora Hélène Cixous seja

---

1 Salvo indicação, todas as traduções da obra de Hélène Cixous são minhas. A escrita de Cixous tem um modo muito singular de pontuação. Como Clarice Lispector diz que a pontuação é a respiração da frase, tentarei manter o ritmo que escuto no original. O próprio Jacques Derrida indica que há um idioma (intraduzível) de Cixous na própria língua francesa; tentarei, na medida do possível, manter esse efeito que por ora chamaria de efeito de estrangeiridade. Agradeço a Nathalie Noelle e a Paulo Sergio de Souza Jr., que, em momentos distintos, compartilharam comigo o espanto que é tentar traduzir os fragmentos citados.

2 J. Derrida, "H.C. pour la vie, c'est à dire" in Mireille Calle-Gruber, *Hélène Cixous: croisées d'une oeuvre*, 2000.

bem cotada, conhecida e prestigiada na França e no mundo, sua obra ainda não é muito lida e, assim, passa a examinar as razões desse desconhecimento. Além das dificuldades imanentes à obra de Cixous, Derrida destaca os diversos lugares de sua atuação: a universidade, os estudos de gênero e sexualidade, as letras, o teatro, a política, e diz certeiramente "se isso já seria muito para um homem, é intolerável para uma mulher."[3] Isso posto, fica claro que é no campo da resistência e mesmo do intolerável – do objeto literário, da língua em seu ponto de estrangeiridade, da política da não propriedade e da diferença sexual – que se dá o esforço de leitura da obra de Cixous, em insistência, em sobrevivência, como tento indicar neste começo. Não se trata de uma obra que se oferece no tempo do imediato, seja no nível da frase, seja no contorno total de um livro ou nos movimentos de seus textos. Quem lê precisa demorar-se e, constantemente, vê-se diante da tarefa de redesenhar, para cada leitura, um palimpsesto com suas camadas literárias, filosóficas, históricas e autobiográficas. Sigo o método de criação da escritora e começo pelo fim.

Em *Incendire: qu'est-ce qu'on emporte?*[4] [Incendizer: o que levamos?], Hélène Cixous desenha um sítio arqueológico para a escavação das letras que escrevem uma história que não é a do *Eu*, mas do próprio movimento de leitura que a literatura dela encena, ressuscitando, com esses atos, os incêndios em Arcachon,[5] em 2022, e também em Troia, Pompeia, Osnabrück, Dresden, Varsóvia. Através dessas camadas de tempos e de línguas, a literatura de Cixous busca dar às cinzas chamejantes uma destinação. Como receber na palavra esse aviso de incêndio? E, só-depois, como metamorfosear a extravagância de uma segunda vida, a que poderia chamar a sobrevida inseparável da literatura?

---

3 J. Derrida, op. cit., p. 123.

4 H. Cixous, *Incendire: qu'est-ce qu'on emporte?*, 2023.

5 No verão de 2022, incêndios de grandes proporções atingiram a região chamada Bacia de Arcachon, no sudoeste da França. (N.E.)

Não é à toa que a cena proustiana no pátio de Guermantes retorna inúmeras vezes na escrita de Cixous. No último volume de *Em busca do tempo perdido*,[6] depois de ter se sentido vencido pelas resistências que o impediam de escrever a sua obra, o narrador vai a uma festa no Palácio dos Guermantes. Primeiro, no pátio, um tropeção traz de volta a memória involuntária de Veneza; em seguida, instalado na Biblioteca, ele escuta o tilintar de uma colherzinha na xícara. Esses dois eventos são lidos pelo narrador de *Em busca* e, depois, pela narradora de *Hyperrêve*[7] [Hipersonho], como uma passagem à literatura, a mais de uma vida, em mais de uma língua[8]:

> *Au moment où* tout est perdu, *dis-je à mon frère, et seulment à ce moment où tu es totalement fichu, c'est alors qu'il peut nous arriver le salut, dis-je à mon frère* [...] *Un* événement *dont je commençai à peine à penser que, – sans pouvoir prédire ni calculer – s'il ne s'évanouissait pas pet-*être *il* était *promis à devenir aussi puissant, aussi grave, aussi conséquent, aussi, révolutionnaire, que l'événement méteorique de la découverte de la littérature comme réalité dans la cour de l'hôtel Guermantes* [...].[9,10]

Quando *tudo está perdido*, digo ao meu irmão, e somente nesse momento em que você está totalmente lascado, é aí que pode nos chegar a salvação, digo ao meu irmão. [...] Um *evento* que

---

6   M. Proust, *O tempo recuperado*, 2004.

7   H. Cixous, *Hyperrêve*, 2006a.

8   Optamos, ao longo deste livro, por colocar os trechos das obras de Cixous em francês e em português (em traduções de Flavia Trocoli) para tentarmos manter as ressonâncias das palavras nos dois idiomas. (N.E.)

9   H. Cixous, 2006a, p. 183. Grifos da autora.

10   Até mergulhar na obra de Hélène Cixous, preferia traduzir *événement* para "acontecimento", no entanto, esta palavra perde muitas ressonâncias importantes, como revê/sonho, Éve, o nome da mãe, e, também, *ever*, em inglês, língua em que Cixous leu William Shakespeare e James Joyce. Davi Pimentel também pensa essa questão em "Traduzir o (in)traduzível idioma de Hélène Cixous". *Caligrama Revista de Estudos Românicos*, vol. 28, nº 1, p. 80, 2023.

mal comecei a pensar que – sem poder predizer nem calcular –, se ele não se desvanecesse, talvez estivesse destinado a tornar-se tão potente, tão grave, tão consequente, tão, revolucionário quanto o evento meteórico da descoberta da literatura como realidade no pátio de Guermantes.

Eis um fragmento exemplar da escrita de Hélène Cixous. Formalmente, ele é um palimpsesto que condensa, por meio de alusões, o *perdu* de Proust e o *fichu* de Derrida sonhando com Walter Benjamin. É nesta zona de choque, de passagem, de morte e de ressurreição, sempre problemática, que situaria, neste primeiro momento, a sobrevida da literatura a partir de um encadeamento de assinaturas: Proust, Benjamin, Derrida e, por fim, Cixous. Voltarei a essas moléculas.

"O desejo não me abandona", eis a frase de Hélène Cixous que retorna no instante em que reviso a última linha do último ensaio deste volume. Com seu retorno, me dou conta de que este livro se escreveu entre duas perdas, aqui em segredo ou em forma cifrada, e, como nos lembra Derrida, a cada vez, a perda de alguém querido provoca a perda de um mundo único.[11] Geograficamente, estes ensaios começaram a ser escritos em Paris, no inverno de 2020, e encontraram sua forma final em Copacabana, Rio de Janeiro, no verão de 2024. Contingencialmente, os textos que lhe dão corpo foram, em sua maioria, respostas a convites para congressos ou para composições de dossiês temáticos. Parte da pesquisa que fundamenta esta coletânea atravessou o ataque à educação pública, evidenciado a partir de 2016, e, ainda assim, pôde, de maneiras diversas, contar com o apoio de três agências de fomento: Conselho Nacional de Desenvolvimento Científico e Tecnológico (CNPq),[12]

---

11 J. Derrida, *Chaque fois unique, la fin du monde*, 2003.

12 A maior parte da pesquisa que sustenta este livro está no arco que compreende a bolsa destinada ao projeto intitulado *Destinos da memória literária em Hélène Cixous* (2021-2023). No entanto, não posso deixar de considerar o trabalho feito com a bolsa PQ do período anterior (2018-2020), com o projeto intitulado *Jacques Derrida: paixões da autobiografia*.

Fundação Carlos Chagas Filho de Amparo à Pesquisa do Estado do Rio de Janeiro (Faperj)[13] e Coordenação de Aperfeiçoamento de Pessoal de Nível Superior (Capes)[14].

Fico tentada a pensar que o meu encontro com a escrita de Hélène Cixous foi tarde o bastante para que ele pudesse ser recitado com Clarice Lispector, com Marcel Proust, com Sigmund Freud e com Jacques Derrida. Posso dizer que mais do que parte de meu memorial acadêmico, de minhas publicações, de meu ensino, de minhas orientações, os livros desses escritores são a melhor parte da minha sobrevida, isto é, aquela que nos destinamos a ler e a escrever, não sem a literatura. Demorou muito tempo para que eu parasse de me perguntar quem são os meus amores e passasse a perguntar aonde eles me levam, como se este livro, a despeito da minha vontade, encenasse os giros em torno de anos de leituras que se entrecruzam para, então, dizer de que maneiras Hélène Cixous me mostrou como a literatura toma partido da vida.

Em *Insister – à Jacques Derrida*[15] [Insistir – para Jacques Derrida], Hélène Cixous conta que, em 2003, Marta Segarra[16] começou a organização de um colóquio que aconteceria em 2005, em Barcelona, cujo tema seria "Ler Cixous e Derrida se lendo". Ao convite, Derrida respondeu: "Irei naturalmente, talvez". Jacques e Hélène estavam de acordo em dividir o trabalho para diminuir o cansaço e imaginaram uma cena de conversa. Derrida morreu em 2004. Como ir sem ele? "Meio-morta, e se, meio-morta, meio-viva.

---

13 Talvez, sem o fomento da Faperj, esse livro nem existisse. O fomento foi concedido através da Bolsa Cientista do Nosso Estado, de 2019 a 2023, com o projeto *Sobrevida e destino da cena literária em Hélène Cixous*.

14 Foi com projeto homônimo ao da Faperj que recebi a Bolsa Capes/PrInt para estágio de pesquisa no LEGS/Paris 8, sob supervisão de Marta Segarra, de janeiro a março de 2020.

15 H. Cixous, 2006b.

16 Marta Segarra, professora da Universidade de Paris 8, organizou vários congressos e várias coletâneas em torno da obra de Hélène Cixous. Editou dois volumes dos seminários oferecidos por Cixous no Colégio Internacional de Filosofia desde 1983.

[...] Não tardo a extrair da impotência o passo da potência. Sinto bem que, se você, Jacques Derrida, não pode ir a Barcelona, nada te impede de estar lá."[17]

Estar lá em memória, em sonho, em escrita, no coração. É preciso desenhar um caminho até ele, isto é, aprender de cor essa espécie de carta de adeus a Jacques Derrida, desse adeus que ressuscita. Marcos Siscar, em "O coração transtornado", nos auxilia: "O ventre é, portanto, um lugar aporético: não exatamente o lugar do coração, mas onde o coração se transtorna para poder *desembuchar* o acontecimento."[18] Qual a razão de chamar aqui o coração? Há um enigma e uma cadeia metonímica secreta nesse apelo. Ao compor sua dança da diferença sexual, ao lado de Derrida, Cixous situa no coração esse lugar entre dois em que a diferença pode ser engendrada. Mais tarde, talvez, ficará sugerido que o coração poderia ser também um *traço de união* para manter junto o disjunto, assim como o aperto de mão, o poema, a literatura.

É assim que voltamos à cena do colóquio em torno da problemática da diferença sexual, organizado em Paris no ano de 1990.[19] Hélène Cixous e Jacques Derrida estão juntos em uma sessão intitulada "Ver a ler". A intervenção dela se intitula "Contos da diferença sexual" e a dele, "Formiga's". Cixous toma a palavra e diz que os fragmentos que vai ler são de dois textos que ela pega ao acaso, abre e corta como uma laranja. *O lustre*[20] é o texto recebido das mãos de Clarice Lispector e a ser cortado por Cixous. Saem, dessa laranja partida, as primeiras palavras de Cixous: "A jovem Virgínia é a irmã de um irmão. Irmã e irmão

---

17 H. Cixous, *Insister – à Jacques Derrida*, 2006b, a citação foi extraída do encarte da edição francesa.

18 M. Siscar, *Jacques Derrida – literatura, política e tradução*, 2013, p. 144.

19 As comunicações de Cixous e Derrida estão traduzidas e reunidas no livro *Idiomas da diferença sexual* H. Cixous e J. Derrida, 2018.

20 Clarice Lispector, *O lustre*, [1946] 2015.

interessam-me particularmente hoje."[21] Assim, em "Contos da diferença sexual", depois de passar por suas irmãs, por Clarice Lispector e, em seguida, por Ingeborg Bachmann, e de colocar em cena a irmã e o irmão do romance clariciano, Cixous passa ao seu irmão circuncidado, passa a *Circonfissão* – um longo rodapé que margeia o *Derrida base*,[22] de Geoffrey Bennington, em que, em 59 perífrases, Derrida vela o corpo morrente de sua mãe e evoca a *memória sem memória* de sua circuncisão, essa escrita que a mãe talha na carne do filho. Cito o comentário de Cixous na tradução de Fernanda Bernardo:

> Eis: está escrito. [...] E nós (mulheres) acaso está escrito? O que poderei eu encontrar como equivalente? Que golpe? [...] A diferença-mulher está localizada, alojada, muitas vezes mesmo escondida para nós mesmas, no corpo, e creio que não está escrito, não a canivete, não a estilete, não com os dentes, não com os dentes. É mistério carne sem tragédia. E se há rastro, e se há cena, não é antes, é mais tarde, é amanhã, é quando eu for grande, é para imaginar.[23]

Entre a escrita e o apagamento, entre o já-escrito e o que "a escrita feminina fará",[24] os elementos[25] deslizam, se metamorfoseiam. Faíscas de um incêndio, acontecido e iminente,

---

21 H. Cixous e J. Derrida, op. cit., p. 12.

22 G. Bennington e J. Derrida, *Jacques Derrida*, 1996.

23 H. Cixous e J. Derrida, op. cit., p. 20.

24 H. Cixous, *Mdeilmm – parole de taupe*, Paris: Gallimard: 2022, p. 41. O título, quase impronunciável ou quase ilegível, remete ao procedimento reiterado do "idioma Cixous" de condensar em uma palavra mais de uma maneira de escutá-la e de lê-la.

25 Em outro momento, tentarei desdobrar aquilo que Mairéad Hanraham, em *Cixous's Semi-Fictions: Thinking at the Borders of Fiction* (2014), chamou de "desconstrução elementar", isto é, uma desconstrução que não tivesse nos conceitos seus principais operadores. Derrida, em *H.C. pour la vie, c'est à dire*, indica o viés miniatural da escrita de Cixous. Essas duas leituras me acompanham insistentemente.

que queima as mãos de Clarice, no Leme, que mata Ingeborg, em Roma. Na sobrevida, depois do incêndio, é preciso insistir que na desconstrução, na tradução da irmã, se pode ouvir, também, dois-em-construção: Hélène e Jacques, Daniel e Virgínia, Hélène e Ingeborg, Hélène e Clarice. Pensando além da lógica binária em que dois termos estariam em oposição, Cixous situa na literatura um terceiro tempo que une e separa, sem contradizer, por exemplo, a voracidade e o amor do lobo. Ou seja, é na literatura que voracidade e amor têm lugar sem se oporem, mas metaforseados em mais de um tempo. Escuta-se, assim, *em Amour du loup et autres remords* [Amor de lobo e outros remorsos], "o traço de união, ali está a literatura."[26]

A literatura, portanto, recebe mortos e vivos, irmãos e irmãs de escrita, cidades e países longínquos, línguas distintas e tempos separados. Brevemente, para atá-la à sobrevivência, a literatura pode ser pensada a partir de três verbos: estar, ser e fazer.[27] Em *Amour du loup*, ela é e está (n)o traço de união. Em *Manhattan – lettres de la préhistoire*[28] [Manhattan – cartas-letras da pré-história], a literatura afugenta os berros da besta, em *Ayaï! O grito da literatura*,[29] ela colmata o abismo. Em "Mémoires de Tombe", prefácio de 2008 a uma nova edição do romance *Tombe*, Cixous escreve:

> [...] *les hospitaliers qui accueillent dans leurs textes et relancent les précédents dans les descendants, ils témoignent et montrent*

---

26 H. Cixous, *Amour du loup et autre remords*, 2003a, p. 14.

27 Além da voz insistente de Derrida, três autoras me acompanharam no entrecruzamento entre o sobreviver e a literatura: em "Surviving", Mairéad Hanrahan revisita *Jours de l'an* [Dias de ano]; em "Polyphonie polyphenix", Camille Laurens revisita *Ayaï! O grito da literatura* (trad. Flavia Trocoli, Bazar do tempo, no prelo); Peggy Kamuf pinça seu título – "L'avenir de la blessure" – de *Stigmata. Escaping texts*, para reler também *Entretien de la blessure. Sur Jean Genet*, 2011.

28 H. Cixous, *Manhattan: lettres de la préhistoire*, 2002.

29 H. Cixous, *Ayaï! O grito da literatura*, no prelo.

que la littérature est érudite et philologique jusque dans ses formes plus familières, qu'elle est fouille et cathédrale, labyrinthe, calcul, géométrie, forêt vierge, théâtre jusqu'au bout des mots, qu'elle a tout vu tout goûté tout oublié tout retrouvé, qu'elle est planète et météore, étendue à étages et piste d'aterrissage pour événements encore non identifiés.[30]

[...] os anfitriões, que acolhem em seus textos e relançam os predecessores em seus descendentes, testemunham e mostram que a literatura é erudita e filológica até em suas formas mais coloquiais, que ela é escavação e catedral, labirinto, cálculo, geometria, mata virgem, teatro até o fim das palavras, que ela tudo viu, tudo provou, tudo reencontrou, que ela é planeta e meteoro, extensão em andares e pista de aterrisagem para eventos ainda não identificados.

Assim, a literatura recebe eventos ainda não identificados e ela mesma, a literatura de Hélène Cixous, é pensada por Derrida como um objeto não identificado. Vale a bela citação:

Algum tempo depois, estava lendo o manuscrito do que viria a se chamar *Le Prénom de Dieu*, seu primeiro livro que ainda não tinha nome (retornarei a ele no fim, em meu último começo), e já me perguntei o que acontecia ali, aterrisagem em pleno voo ou decolagem, faróis todos iluminados de uma palavra inaudita, a aparição de uma letra e de um objeto literário não identificável. O que é isso?, quase me perguntei. O que está acontecendo aqui? O que está me acontecendo? Que gênero? Quem um dia poderá ler isso? Eu?[31]

---

30   H. Cixous, *Tombe*, 2008, p. 28.

31   Jacques Derrida, "H.C. pour la vie, c'est à dire" in Mireille Calle-Gruber, *Hélène Cixous: croisées d'une oeuvre*, 2000, p.18, tradução minha.

Pensemos que o objeto é não identificável porque a rasura, a citação, a palavra-valise e a tradução são operações de substituição, contiguidade, sobreposição e paralelismo. Essa leitura da sobrevida do "predecessor no descendente" convoca a soletrar elementos mínimos, moléculas, em que ler, escrever, traduzir são modos míopes de saber ver. A partir dessa miopia que se torna um método de leitura, os olhos e também as mãos operam com bisturi e microscópio. Como veremos, o saber ver lido em Lispector encontra o saber ver de Cixous e Derrida no ponto em que se "põe de luto o saber da noite anterior". Eis um outro modo de dizer o começo ou de chamar as coisas pelo seu primeiro nome. Ou voltar, a cada vez, a uma cena que terá sido originária.

Certamente, é possível ouvir aí a *secrexcitação*[32] de *Circonfissão*[33] e a maneira como Derrida extrai da cena originária – a de sua circuncisão – um dos métodos da desconstrução, qual seja, o girar em torno do corte, da ferida. Perto do fim de *Entretien de la blessure* [Tratamento da ferida], Cixous escreve ainda: "Eis os cinco dedos da mão que protege todo ser da infelicidade da separação e da exclusão, se eles se estendem acima das fronteiras podem se estender até nós."[34]

Mão de criança decepada pela guerra, mãos que queimam, mãos que circuncidam, mãos que abandonam, mãos que se estendem, para não nos deixar esquecer que Paul Celan traçou um meridiano entre o aperto de mão e o poema e que Lacan[35] pôde ler,

---

32   Mais adiante, mostrarei como nasce a palavra-valise *sécrécitation* de um sonho com Derrida morto em *Hyperrêve* (2006a). Ao escutar essa cena, Marcelo Jacques de Moraes acrescentou o X, dizendo que, afinal, trata-se também de excitar a língua.

33   G. Bennington e J. Derrida, 1996.

34   H. Cixous, *Revirements: dans l'antartique du coeur*, 2011, p. 86.

35   No capítulo 2, tento aproximar o gesto de Cixous ao traduzir Lispector tanto do estender a mão, na imagem de Jacques Lacan no seminário sobre a transferência, quanto das metáforas as quais Paul Celan recorre para pensar na poesia como pergunta endereçada ao Eu esquecido de si, como caminho a ser percorrido, como mudança na respiração, como aperto de mão. Cf.: P. Celan, *Artes poéticas: o Meridiano e outros textos*. 1996, p. 41-64.

numa mão que encontra a outra, o milagre do amor. As mãos, o meridiano e o milagre retornarão adiante. Por ora, com a ponta do dedo indico as moléculas que, a cada capítulo, compõem este livro.

Com quantas palavras se faz um livro?

No primeiro ensaio, "Refabricar-se com moléculas literárias",[36] desejei pensar nos traços que mais se destacaram no meu primeiro encontro de maior fôlego com uma parte dos livros de Hélène Cixous, isto é, aqueles traços em que hoje pensaria como guardiões de uma potência de ressurreição, quais sejam: a insistência no pronome de primeira pessoa como portador de muitas vozes para contar o que Cixous chama de tragédia miúda, um entrecruzamento trágico entre os eventos históricos, escolhas subjetivas e aquilo que, no só-depois, pode ser chamado de destino; e a própria citação ou recitação como formas de ressurreição. Assim, podemos pensar que a primeira tragédia miúda é a morte do pai da narradora, Georges Cixous, evento que engendra a vida de muitos livros. Em maio de 2020, o título dado para o ensaio – "Insistir no eu, destronar o eu, passar à literatura: movimentos da obra de Hélène Cixous" – evocava *Insister – à Jacques Derrida* e *Détrônement de la mort*[37] [Destronamento da morte]. Agora, o título passa a ser "Refabricar-se com moléculas literárias" e é extraído de uma formulação presente em *Manhattan – lettres de la préhistoire*.[38] Como primeiro ensaio, gostaria que suas linhas destacassem aquilo que Derrida evoca em *Psyché – inventions de l'autre* [Psique – Invenções do outro]: "O chamado ao outro é um chamado por vir e acontece somente em múltiplas vozes."[39] Ou em múltiplas moléculas literárias.

---

36   A primeira versão foi escrita no primeiro semestre de 2020 para submissão à *Revista Alea*.

37   H. Cixous, *Le détrônement de la mort: journal du Chapitre Los*, 2014b.

38   H. Cixous, 2002.

39   J. Derrida, 1992, p. 343. Traduzido a partir da versão estadunidense de *Psyché*.

Em "Molécula Clarice a não-devoração como prova de amor",[40] busco pensar como a escrita de Hélène Cixous respondeu ao encontro com a escrita de Clarice Lispector e, para isso, ela foi composta de três átomos: "Elas chamam as coisas pelo seu primeiro nome", "Hélène chama a *maçã* de *Orange* [laranja]" e "Com bisturi, com microscópio, a miopia como procedimento".

Lendo Clarice Lispector Hélène Cixous refabricou um modo de ler pelo detalhe. Seu trabalho sobre as obras claricianas procede através de uma atenção microscópica. O método de leitura é apreendido por meio do exame e da reinvenção do detalhe que transita entre uma obra e outra, em passagem e em metamorfose. Jacques Derrida mostra que um texto pode herdar a lei de outro texto sem sequer referir-se a ele explicitamente, e é esta a relação que, através da transposição recriadora de certas palavras – o saber, o ver, a miopia, a cegueira, a instabilidade na relação com o outro e com o mundo –, tentei delinear entre o conto "Evolução de uma miopia",[41] de Clarice Lispector, e o ensaio poético "Savoir",[42] de Hélène Cixous.

À maneira do sonho, Cixous soube receber uma *maçã* no escuro e transformá-la em laranja, *Orange*, para deixar ressoar Oran, sua cidade natal na Argélia, e, também, *ange* (anjo) e *Je* (Eu). Fabrica-se, então, com o dizer de Lispector, um outro modo de traduzir-se, de insistir no começo e no primeiro nome antes da lei que exclui as mulheres, as crianças, o ínfimo, lei que prevê, predica, apropria-se. Chamar *escritaclarice*[43] é não esquecer que,

---

40 Neste capítulo, reúno duas conferências, uma proferida na Universidade Federal do Paraná (UFPR), a convite de Maurício Cardozo, outra no Real Gabinete de Leitura, no Rio de Janeiro, a convite de Marlon Augusto Barbosa, e um artigo publicano na revista *Currículo sem Fronteiras*, em 2021, organizada por Simone Moschen e Jorge Ramos do Ó.

41 Clarice Lispector, "A evolução de uma miopia" in C. Lispector, *A legião estrangeira*, 2020.

42 H. Cixous, "Savoir", in H. Cixous, *Voiles*, 1998.

43 Gostaria que essa aglutinação ressoasse as linhas finas de "Viver a laranja", em que Cixous pede que "Ouçam Clarice Lispector" e faz inúmeros cortes e jogos com o nome de Clarice Lispector, entre eles, lispectoranja. In H. Cixous, *A hora de Clarice Lispector*, 2022, p. 73.

em sua prática da escrita feminina, sempre por vir, o Nome-do-pai, lei que interdita, situa e hierarquiza, passa para a dimensão dos primeiros nomes de ninguém,[44] nomes para um movimento singular da escrita: *sentir a coisa sem possuí-la*.[45] Seguindo esses passos, o do idioma Cixous, como define Derrida, e o da articulação entre o "amor de lobo", aquele que dá ao cordeiro a sobrevida, e a tradução, segundo Marta Segarra, recito a leitura do conto "Os desastres de Sofia",[46] de Clarice Lispector, para pensarmos como ele está *secrexcitado* em *Amour du loup et autres remords*.

Na sobrevida, como veremos, há *amor de lobo*, há dois, renunciando à pulsão de devoração, o lobo oferece ao cordeiro a sobrevida. Podemos, assim, estender a metáfora e propor que bem comer[47] e bem amar percorrem o caminho da suspensão da devoração do fruto para que, no encontro de Hélène Cixous com Clarice Lispector, em "Vivre l'Orange" [Viver a laranja], coexistam a maçã e a laranja, ou que, no tempo, a maçã retorne como *Orange*.

As lições que Cixous recebe em *Perto do coração selvagem*, *O lustre*, *A maçã no escuro*, e nos contos "Cem anos de perdão", "Os desastres de Sofia", "Evolução de uma miopia",[48] passam pela

---

44 Remeto-me ao livro de Cixous, de 1974, *Prénoms de personne* (1974), quando ela se propõe a reler Freud, Poe, Hoffman e Joyce para além dos paradigmas falogocêntricos.

45 Mais adiante o leitor verá que a frase é de *Perto do coração selvagem*, e que o apelo ao começo é inextricável das questões em torno da nomeação.

46 C. Lispector, "Os desastres de Sofia", op. cit.

47 Através de um *meridiano*, tentarei transitar entre aquilo que Derrida conversa com Jean-Luc Nancy em "É preciso bem comer" (J. Derrida, "Il faut bien manger ou le calcul du sujet" [É preciso comer bem ou o cálculo do sujeito] in *Point de suspension*, 1992, p. 269-301) para tocar as primeiras lições do seminário de Cixous É preciso bem amar [1992/(2004-2007)], alterando a tradução de Denise Dadeau e Carla Rodrigues.

48 C. Lispector, *Perto do coração selvagem*, 1986; *A maçã no escuro*, 1992, *O lustre*, 2015; "Cem anos de perdão", in C. Lispector, *Felicidade clandestina*, 2020; "Os desastres de Sofia, in C. Lispector, *A legião estrangeira*, 1992; "Evolução de uma miopia", op. cit.

criança e giram em torno de um saber escutar o apelo das coisas que querem ser roubadas, recebidas, traduzidas em coexistências: rosas, pitangas, livros, laranjas, maçãs, lobos e cordeiros, meninos e meninas. A voz de Clarice vem de longe, oferece a maçã, Hélène aceita em português – *Eu aceito* – e escuta laranja [*Orange*]. Escutar *orange* ao ler uma *maçã* é um trabalho de *secrexcitação* da maçã de Clarice e, também, da maçã de Eva? Evocarei os trabalhos de Hércules, ou de Hermés, ou de Orfeu, ou de Elias, para dar forma ao desejo de transmissão dos efeitos da mensagem, a fim de decompor essa *secrexcitação* em dois trabalhos de Hélène: trabalho de parto (em português, para nossa sorte é: "parir" e "partir") e trabalho de sonho, reunindo o começo e o elementar, o novo e o ínfimo.

Assim, seguindo esses rastros, proponho traduzir Ève, o nome da mãe de Cixous, para Sonia, quando ressoa sonho: *rêve* [sonho]. Na sobrevida, a palavra renasce outra, *em mais de uma língua*, como aponta Derrida, em *O monolinguismo do outro ou a prótese de origem*,[49] para dizer de um ponto de irredutibilidade da desconstrução. Da leitura de Lispector por Cixous, busquei mostrar como podemos desenhar uma teoria da tradução, como *oublire*,[50] condensando esquecer (*oublier*) e ler (*lire*), e como coexistência do mais de um.

Nessa investigação, sigo ainda os rastros deixados pela feliz nomeação de Marcos Siscar lendo Maria Gabriela Llansol, tradutora de "Uma passante",[51] de Baudelaire: tradução

---

49 J. Derrida, *O monolinguismo do outro*, 2001.

50 A palavra-valise *oublire* coloca em cena uma operação de leitura presente nos textos de Cixous de esquecer e apagar no mesmo movimento de ler, escrever, inscrever. É este movimento que tentaremos iluminar ao lê-la com Freud e com Proust mais adiante. Cixous diz que inventou essa palavra para "descrever o mistério maravilhoso da leitura". In H. Cixous, *L'amour du loup*, 2003a, p.166.

51 C. Baudelaire, "Uma passante" in C. Baudelaire, *As flores do mal*, 2003.

extravagante.[52] Tal extravagância aparece em momentos distintos e distantes da escrita de Cixous, e as vozes que atravessam sua obra propõem traduções que mereceriam anos de leitura: a maçã em *Orange*, em "Vivre l'Orange"; Clos-Salembier em Manhattan, em *Manhattan – letres de la préhistorire*;[53] Ève em Freud, em *Ève s'évade: la ruine et la vie* [Eva se evade: a ruína e a vida];[54] Proust em Freud, Freud em Derrida, Derrida em Proust, em *Philippines: prédelles*[55] [Filipinas: predelas];[56] Cixous em Derrida e Derrida em Cixous, em *Hyperrêve* e em inumeráveis outras obras. Em Cixous, a tradução *extravagante* não se faz sem o sonho, mostrando, assim, que o inconsciente, além de ser uma máquina sonora à escuta das mais ínfimas modificações, é máquina de ler, escrever, traduzir.

A mão decepada depois do bombardeio, escrita por Thomas Bernhardt, e que por vezes Cixous cita em segredo, traduz-se em criança nas ruínas, o que já coloca o leitor em uma cena escrita por Marcel Proust. Nesse só-depois, parece-me que a passagem pelas lições de Clarice – os começos, os primeiros nomes, as crianças – torna-se um limiar imprescindível para o que, neste livro, é tramado em torno da infância. Ao retornar a Clarice e ao descobrir Hélène, a infância tornou-se retorno e insistência em movimentos e formas distintas: a relação entre criança e guerra, a questão da criança morta, ponto importante em que Cixous se põe a pensar a diferença entre a morte do pai e a morte do filho ainda bebê, entre o sublimável e o insublimável, a relação entre criança e ruína, quan-

---

52   M. Siscar, "A tradução extravagante: Maria Gabriella Llansol, leitora de Baudelaire" in M. Siscar, M. J. Moraes e M. M. Cardozo, *Vida poesia tradução*, 2021, p. 11-50.

53   H. Cixous, 2002.

54   H. Cixous, *Ève s'évade: la ruine et la vie*, 2009a.

55   H. Cixous, *Philippines: prédelles*, 2009b.

56   Predela (do italiano *predella*) é uma plataforma ou pedestal sobre o qual se posiciona o retábulo de um altar. Nas artes visuais, define-se como predela um conjunto de pinturas ou esculturas que, dispostas lado a lado, formam a parte inferior de um retábulo.

do a molécula Proust guardará muitas camadas desse refabricar a literatura e a infância.

Em "Das moléculas às migalhas, a criança morta insublimável",[57] o foco de minha leitura recai sobre um ensaio e dois "objetos literários não identificáveis", conforme nomeação de Derrida. O ensaio intitulado "Aller vers le plus effrayant"[58] [Ir em direção ao mais aterrorizante] parece condensar um problema fulcral para a literatura de Hélène Cixous: o da própria passagem tão tortuosa, tão catastrófica quanto milagrosa e secreta da vida e da morte à obra, do destino à destinação. Tanto nesse ensaio quanto nos "objetos literários" *Le jour ou je n'*étais *pas là*[59] [O dia em que eu não estava lá] e em *Manhattan: lettres de la préhistoire* [Manhattan: cartas da pré-historia], há um entrecruzamento intenso entre esses textos e um livro que lhes precede em pouco tempo, *Donner la mort*[60] [Dar a morte], em que Derrida trabalha as relações entre o dom, a morte, o sacrifício e o segredo da literatura. Arriscaria a dizer que, principalmente em *Le jour ou je n'*étais *pas là*, Cixous oferece ao seu amigo J.D. o contraponto literário para a filosofia delineada em *Donner la mort*. Vejamos como o "dar a morte" de Derrida ressoa no texto de Cixous.

Depois da passagem à escrita, à literatura, dar a morte implica, indissociavelmente, dar a vida, assim, entre o cadáver e a pérola, Hélène Cixous adverte seu leitor que o livro *Manhattan – lettres de la préhistoire* não é um objeto morto, mas uma explosão subterrânea; não trata dos escombros, mas sim fala sob os escombros. Afinal, às vezes, o mundo se perde por causa de um cisco no olho.

---

57 Novo título para o ensaio, publicado no livro *Da sublimação à invenção* (2020), organizado por mim, Markus Lasch e Nina Leite.

58 H. Cixous, "Aller vers le plus effrayant", 2003c.

59 H. Cixous, *Le jour où je n'étais pas là*, 2000b.

60 J. Derrida, *Donner la mort*, 1999.

Uma cena morta, desaparecida, será ressuscitada e reaparecerá como tentativa de *narrativa*[61] que deverá começar em um mausoléu por uma lágrima causada por uma poeira no olho. Em "Dois átomos, a criança e a guerra, deixar falar os escombros",[62] considero que o corpo é portador de todas as dores, que a guerra se torna uma questão de língua e que a recepção do choque exige a doação de uma forma, no dizer inesquecível de Virginia Woolf, em *Moments of being*[63] [Momentos de ser]. É neste começo, e não no corpo do capítulo, quando o desejo se confessa insistente, que proponho um encontro, sempre a construir, entre Hélène Cixous e Virginia Woolf, afinal a herança dos livros por vezes é, também ela, inconfessável e se faz aos pedaços, aqueles que reunimos em um estranho buquê e aqueles que estão ausentes. Digamos que Virginia é a flor ausente do buquê de Hélène.

Foi *Un vrai jardin*[64] [Um verdadeiro jardim], de Cixous, que me levou de volta ao *O quarto de Jacob*,[65] de Woolf, escrito nos rastros daquela que ainda seria a Grande Guerra, antes dela se tornar a Primeira. *Un vrai jardin* foi escrito bem depois da Segunda Guerra e alguns anos depois da guerra pela libertação da Argélia (1954-1962).

Não por mero acaso, Jacques Derrida intitula seu livro sobre a obra de Maurice Blanchot *L'instant de ma mort*[66] [O instante de

---

61 Deixo a palavra *narrativa* em itálico quando no original for *récit*, palavra de difícil tradução. Precisaria começar outro livro para falar dos desdobramentos da questão. Lembro que Derrida nos dá indicações preciosas da questão do *récit* atrelada à recitação, especificamente em Blanchot, em seu *Parages* (1986).

62 Novo título para "A criança no campo de batalha", ensaio que escrevi para o livro *Guerra e Literatura: ensaios em emergência*, organizado por Leonardo Soares (*Guerra e literatura: ensaios em emergência*, 2022).

63 V. Woolf, *Moments of being*, 1985.

64 H. Cixous, *Un vrai jardin*, 1998.

65 V. Woolf, *O quarto de Jacob*, 2019.

66 M. Blanchot, *L'instant de ma mort*, 2002.

minha morte] de *Demeure*[67] [Demorar, ou também Morada], o que evoca a última morada e, menos diretamente, a demora em poder dar forma à experiência da guerra. Também não por acaso, Ruth Klüger escreveu suas memórias dos campos de extermínio quase cinquenta anos depois da libertação de Auschwitz. Nesses livros, há um intervalo notável entre receber o choque e doar a forma, entre o evento traumático e a literatura. Em *O monolinguismo do outro*,[68] Derrida se deteve longamente na circunscrição do traumatismo, em seus efeitos indefinidos, ao mesmo tempo estruturantes e desestruturantes. A singularidade de sua origem marcada pela pluralidade – judeu-franco-magrebino – e pela segregação faz obstáculo à autobiografia e à identidade.

Dito isso, proporia pensar na forma do trauma como uma ferida na língua, como se a narrativa não pudesse mais se estruturar, mas construísse uma estrutura enunciativa que mostrasse justamente o efeito desestruturante da guerra: a vida interrompida de Jacob Flanders e o bombardeiro sofrido pela criança em *Un vrai jardin*. Em *O quarto de Jacob*,[69] vigora um jogo entre perto e longe dos barulhos da guerra que chegam até Scarborough (em tradução: Cidade da cicatriz), atacada pelos alemães em dezembro de 1914. Os dois livros requerem uma dupla leitura, porque, ao não narrarem a guerra do *front,* não deixam de padecer de seus efeitos: a violência, a dor, as lágrimas e, sobretudo, a dificuldade de produzir ligações, laços, conexões, o que justamente dará corpo à sintaxe dos livros. A devastação da terra natal torna-se escrita arruinada nos livros.

Ao colocar a criança entre as bombas, a novela de Cixous não glorifica nenhuma origem, mas interroga as experiências que constituem as gêneses e genealogias de sua história, retirando-as da

---

67   J. Derrida, *Demeure: Maurice Blanchot*, 1998 [Ed. bras.: *Demorar: Maurice Blanchot*, 2015.]

68   J. Derrida, *O monolinguismo do outro*, 2001.

69   V. Woolf, op. cit.

mudez. Sua obra traça, com veemência, o ponto que enlaça infância, experiência traumática, mudez e escrita, fazendo da expropriação da guerra não um protesto pela identidade e pela propriedade, mas uma escrita que subjetiva o *isso* para não aniquilar e devastar totalitariamente o sujeito.

O Jardim e a criança, assim como o quarto e Jacob, encontram-se sob um bombardeio para o qual a língua "não chega a tempo" de dizer o evento traumático, como disse certeiramente Derrida, e a criança, na cena traumática, tem os olhos nus, como a mãe de Jacob não sabe o que fazer com os vestígios do filho. Linhas que compõem o desamparo e ata guerra e infância. As feridas históricas e as feridas familiares, as feridas da infância e as feridas da guerra são transmitidas através de fragmentos que se tornam cifras, já que as perguntas permanecem sem resposta: "Ah, mas o que é isso?"[70] "Afinal de contas aquilo era sobre o quê?"[71] Pedaços da biografia de Jacob, expulso da vida, e pedaços da autobiografia da criança, expulsa do jardim, elas, biografia e autobiografia, não dão forma ao trauma desestruturante. Diante da paisagem impossível, escutemos, pela última vez, a voz de *O quarto de Jacob*: "Em pleno verão as folhas caem." A guerra revolve a paisagem em direção à trincheira, ao chão, à "terra que parecia estar morta".[72] Não muito longe daqui, ou logo ali na Maré, uma mãe diante do corpo baleado de sua criança gritava: "Ele estava indo pra escola." Aqui, lá, as folhas não param de cair – é nossa tarefa reconduzi-las à memória.

"Molécula Proust, um vasto cemitério cheio de vidas"[73] afirma o desejo de dar corpo ao modo como Cixous lê Proust, passando,

---

70   V. Woolf, op. cit., p. 34.

71   Idem, p. 81.

72   Ibid, p. 101.

73   Eis o título dado, depois de ligeiras modificações, ao ensaio que foi escrito a quatro mãos com Francisco Renato de Souza, intitulado "Sob as flores: Cixous reescreve as inscrições apagadas de Proust, de Freud". *Alea: Estudos Neolatinos*, vol. 24, nº 3, p. 167-183, set./dez. 2022.

inevitavelmente, por Freud. O capítulo destaca alguns modos de citação, cifração e decifração de cenas proustianas e freudianas pela escrita de Cixous. Buscaremos mostrar como essas cenas, lidas e relidas, se transformam, como as chamaremos livremente, em palavras-valise – *omifiée/Omification, bergotter, rêvasion* [74]– e realizam o desejo de transformar a morte em literatura, desejo que acontece na transformação libertadora da palavra, que, entre cenas literárias e psicanalíticas, conjuga outros tempos, modos e vozes, desenhando vários modos de pensar o luto na literatura, na psicanálise e na colisão entre as duas. Em outras palavras, há uma condensação de imagens: divã, túmulo, leito – desses lugares renasce a escrita ou, ainda, de *uma sonha grávida de manuscritos.*

A narradora de *Ève s'évade – la ruine et la vie*,[75] de Hélène Cixous, está diante do envelhecimento e dos últimos tempos de vida de sua mãe Ève. De certa maneira, o começo do livro não deixa de reencenar o momento em que, em Manhattan, a narradora e o irmão estão juntos e um grande tormento a invade. Se em *Manhattan*, o livro, o tormento girava em torno dos sacrifícios – por exemplo, o do irmão seguindo e abandonando a medicina, como o pai –, em *Ève s'évade* o tormento gira em torno da escolha entre viver (isto é, velar a mãe velha e doente) e escrever. Certamente, o desenrolar da narração atará os dois verbos: escrever será velar o corpo da mãe, vê-lo e tocá-lo. Ou seja, ir além do interdito – o que, na escrita de Cixous, caminha ao lado da liberdade formal.

Em "Molécula Freud, nas ruínas, a criança ressuscitada",[76] parti do livro *Les sans arche d'Adel Abdessemed et autres coups de balai*

---

74 O capítulo 5 se destina tanto a pensar nos desdobramentos dessas palavras-valises que poderiam ser traduzidas como: omificada/Omificação, bergotar e sonho-de-evasão, quanto na feminização da palavra "sonho" metaforseada em "sonha".

75 H. Cixous, *Ève s'évade – la ruine et la vie*, 2009a.

76 Novo título para o ensaio "Hélène Cixous, escavar ruínas, ressuscitar a criança". Flavia Trocoli, "Hélène Cixous: escavar ruínas, ressuscitar a criança" in M. Alkimin e E. Ferraz (org.), *Ruína: Literatura e pensamento*, 2022.

[Os sem arca de Adel Abdessemed e outras varridas de vassoura] para mostrar como o artista franco-argelino Adel Abdessemed inspira Cixous a enunciar, lapidarmente, tarefas de sua própria escrita, o que estendo a Freud, a Proust, a Derrida:

> Para recriar o que ficou escondido, esquecido, descartado, negligenciado, rejeitado,
> É preciso escrutinar longamente a superfície maquiada do mundo,
> até que a marca de café fale.
> Adel nasceu destinado a ler a marca
> Fazer falar   a areia
>   a poeira
>   as cinzas
> Dar a palavra aos mortos
> Reanimar as imagens corroídas pelo sal do Tempo.[77]

Pensemos que o sonho reanima essas imagens arruinadas pelo tempo ou pelo esquecimento; assim, sonhar é uma maneira de recordar e, por sua vez, recordar é uma construção que impele a pensar mais em uma relação ética e estética com a escrita do que propriamente com o fato vivido. Busco, portanto, mostrar como o passado se entrelaça mais com a vida presente do que com o passado morto. Tal entrelaçamento se faz por meio da citação, da recitação e da ressuscitação da literatura e da psicanálise pela obra de Hélène Cixous, sobrinha de Freud em genealogia criada por ela.[78] Na literatura da "sobrinha", a citação e a recordação de infância são formas para uma luta contra as cinzas ou contra a "solução final" que ordena que tudo seja destruído, sem deixar rastro nem ruína.

---

77   H. Cixous, *Les sans arche d'Adel Abdessemed et autres coups de balai*, 2018a, p. 103.

78   Em muitos dos seus textos, a autora evoca tal genealogia, como veremos adiante. *Ève s'évade* é um dos momentos privilegiados da construção dessa relação genealógica com Freud.

Cixous desobedece ao mal de arquivo[79] e, a cada vez que sua mão deixa a pena deslizar pelo papel, refabrica sua *lalemã*, a que estou chamando, com Derrida, de *o idioma Cixous*.

No último capítulo, "Refabricar a *lalemã*, moléculas do idioma Cixous",[80] começo a pensar a *lalemã*, palavra inventada por Cixous em *A chegada da escrita*, rasurando lembranças de infância no texto freudiano e substituindo-a por *lalíngua*, neologismo lacaniano para evocar aquilo que na língua estaria mais ao lado da lalação, da onomatopéia, do canto, do ruído, da sonoridade, do que da fala articulada em significados. Com a rasura, reencena-se um vaivém na escrita da obra freudiana que é efeito da prática psicanalítica, das elaborações por Freud dos eventos históricos e biográficos, das leituras literárias. Do tempo que passa. Penso, por exemplo, nas escritas de "O incômodo"[81] e de "Além do princípio do prazer".[82] Neles, o impacto da guerra, da clínica, da morte da filha Sofia e da leitura de Hoffmann produz escritas em que Freud ocupa posições enunciativas heterogêneas, desenhando e rearticulando, fragmentariamente, os impasses e os passos claudicantes clínicos e teóricos. Não à toa, ele encerra "Além do princípio do prazer" lembrando que as Escrituras dizem que mancar não é pecado.

Destaco que a lembrança de infância, o caso, a escrita literária, tendo que contar com a imaginação e com as rasuras do tempo para ganharem forma – como mostrado também em *Ève s'évade: la ruine et la vie* – não são nunca quadros estáticos, mas cenas metamorfoseadas por novas reescritas. Nunca conceitos prontos, mas

---

79   No capítulo 6, tento mostrar a seguinte sobreposição de leituras em torno do que morre e do que sobrevive: em *Mal de arquivo*, Derrida lê *Além do princípio do prazer* de Freud. Cixous, por sua vez, lê Derrida lendo Freud para articular cinzas e ressurreição.

80   Novo título para o ensaio "A lembrança de infância, a imagem-valise e a lalemã de Cixous" in S. Aires et al. (org.), *O corpo na ponta de lalíngua*, 2023.

81   S. Freud, "O incômodo", 2021.

82   S. Freud, "Além do princípio de prazer", 2016.

reencenações submetidas à temporalidade do inconsciente, em que restos, rastros, esquecimentos e apagamentos estão em movimentos a serem perdidos e reencontrados pela escrita – movimentos no tempo que ganharam relevo na leitura de Derrida, uma das lentes para eu reler Freud ao lado de uma citação de Proust. *Só-depois*,[83] a mão se levanta, escreve, apaga, com corte e com outros nós, os laços entre os duplos se fazem, desfazem-se, refazem-se, como se o movimento incessante articulasse o tempo que demora para uma visão emergir às marcas deixadas na língua pela *lalíngua*.

Se Proust ergue o edifício imenso da recordação sobre uma gota em meio às ruínas, Cixous ergue o edifício infinito da recordação sobre o sonho como ruína, ele, o sonho, também impalpável e fugidio. Recito um trecho da primeira parte de *No caminho de Swann*, no instante anterior àquele em que a memória de Combray ressuscita da xícara de chá:

> Mas quando nada mais subsiste de um passado remoto, após a morte das criaturas e a destruição das coisas, sozinhos mais frágeis, porém mais vivos, mais imateriais, mais persistentes, mais fiéis, o odor e o sabor permanecem ainda muito tempo, como almas, lembrando, aguardando, esperando, sobre as ruínas de tudo o mais, e suportando sem ceder, em sua gotícula impalpável, o edifício imenso da recordação.[84]

Perto do fim da escrita deste livro, ao substituir a palavra "capítulo" pela palavra "molécula", de repente, numa tarde escaldante no

---

83 Remeto às primeiras linhas do verbete "a posteriori" do *Dicionário de psicanálise*: "Nachträglichkeit, Nachträglich, [...], palavra introduzida por Sigmund Freud, em 1896, para designar um processo de reorganização ou reinscrição pelo qual os acontecimentos traumáticos adquirem significação para o sujeito apenas num 'a posteriori', isto é, num contexto histórico e subjetivo posterior, que lhes confere uma nova significação. No Brasil também se usa 'só-depois'." E. Roudinesco e M. Plon, *Dicionário de psicanálise*, 1998, p. 721.

84 M. Proust, *No caminho de Swann*, 2006, p. 73-74.

Rio de Janeiro, a linha que acabou de ser escrita descobre de onde vieram os fantasmas – deles restou uma imagem gelada do Central Park. Nessa imagem soterrada, o seu olho não deixará de ver Beinecke, a biblioteca onde estão os manuscritos raros na Universidade de Yale. Hélène Cixous aponta que *Tombe* deságua em *Manhattan – lettres de la préhistoire*:

Nova York, pelas minhas lentes, em algum dia gelado no começo dos anos 2000.

Muito tempo depois, alguém abrirá um manuscrito na Biblioteca Nacional e lerá essa carta da pré-história:

Abro um livro, a luz se faz, a língua logo começa sua narrativa, me refabrico sempre, eu mesma, com essas moléculas literárias, me digo outra vez como hoje, são seis horas da manhã sete horas talvez, escuto o sopro regular e curiosamente forte dos livros sobre minhas estantes.[85]

Sim, tudo no mundo começou com um sim. Uma molécula disse sim a outra molécula.[86]

Tantas folhas sobrevivem à hecatombe, assim:

Tenho necessidade de falar destas mulheres que entraram em mim, elas feriram-me, fizeram-me mal, despertaram os mortos em mim, desbravaram caminhos, trouxeram-me guerras, jardins, crianças, famílias estrangeiras, lutos sem sepultura, e provei o mundo nas suas línguas. Em mim, elas viveram as suas vidas. Escreveram. E continuam, não cessam de viver, não cessam de morrer, não cessam de escrever.[87]

---

85   Como se verá adiante, é um fragmento de *Manhattan: lettres de la préhistoire*.

86   Eis as primeiras linhas de *A hora da estrela*, de Clarice Lispector.

87   O fragmento é de *Jours de l'an*, de Hélène Cixous, e foi belamente retomado por Derrida em "Formiga's" em J. Derrida e H. Cixous, *Idiomas da diferença sexual*. 2018, p. 79.

REFABRICAR–SE COM MOLÉCULAS LITERÁRIAS

> *"Esse desvio, foi ele inspirado por um grande autor*
> *dramático inconsciente?"*
> Hélène Cixous, *Or: les lettres de mon père*

Tragédia miúda: as moléculas que refabricam o Eu

Comecemos a nossa visita à obra de Hélène Cixous não pelo seu início cronológico em 1967, mas sim por *Or: les lettres de mon père*:

> *La Choix est un démon fidèle à mon chemin. Chaque fois que je demande à Delos à Eschyle ou à Delphes ou à un livre, il ne faut pas choisir dit Eschyle, car chaque fois c'est le mauvais chois. Le malheur c'est qu'il n'y a pas le choix, dit Eschyle. Il y a le choix mais pas le nôtre dit Dostoïevski. Il y a le choix. Il tombe sur nous. On ne choisit pas, on choisit ne pas, et finalement on est choisi.*[1]

A Escolha é um demônio fiel em meu caminho. A cada vez que pergunto a Delos a Ésquilo ou a Delfos ou a um livro, não é necessário escolher, me diz Ésquilo, já que a cada vez é a má escolha. O mal é que não há a escolha, diz Ésquilo. Há escolha, mas não a nossa, diz Dostoievski. Há a escolha. Ela

---

1   H. Cixous, *Or: les lettres de mon père*, 1997, p. 67.

cai sobre nós. Não se escolhe, escolhe-se, não, e finalmente se é escolhido.

É notável que apenas nesse fragmento sobreponham-se muitas vozes: a da filha leitora das cartas do pai morto há décadas, e que foram guardadas silenciosamente pelo irmão; a da crítica literária que leu Ésquilo e Dostoiévski; a voz daquela que escreve em torno das cartas e o elemento de fato complicador, que é a voz daquela que nem mesmo existia quando as cartas foram escritas em 1935, já que a filha de Georges e Ève Cixous, Hélène, nascera em 5 de junho de 1937. Escutemos a narradora: "[...] a única dificuldade, eu a encontro, neste momento, no discurso autobiográfico, nele vacilo, embrulhada, preocupada, confusa, tortuosa uma perna na narração, outra na narrativa."[2]

Essa imagem delineia muito bem o movimento do *Eu* que, além de ser pronome de referência da primeira pessoa, passa também a ser um lugar de perda de sua própria ancoragem em uma única cena enunciativa, o que já foi tão bem encenado pelo modernismo de Marcel Proust e de Virginia Woolf, para fazer apenas duas menções. Essa escuta da dificuldade de narração pela própria narrativa já estava, de certo modo, nas primeiras páginas de *Em busca do tempo perdido*.[3] O narrador-personagem proustiano e a narradora-personagem de *Or* transitam por quartos que estariam em tempos e espaços diferentes, mas parecem simultâneos na narração. A narradora de Cixous entra em um desses quartos antes mesmo de seu nascimento; em outro momento, ela recebe o pai, que no plano da história contada, não está mais lá.

Desse modo, são figuradas as colisões temporais e espaciais que se entrelaçam à questão da leitura das cartas e, mais especificamen-

---

2 Op. cit., p. 81. "[...] *la seule difficulté je la rencontre en ce moment-ci, dans le discours autobiographique où je trébuche, entortillée, soucieuse, confuse, boitilleuse une jambe dans la narration, une jambe dans le récit)."*

3 M. Proust, op. cit.

te, daquelas escritas pelo pai morto há muitas décadas. O temor da narradora é de atribuir uma falsa verdade "aos eventos errantes",[4] os quais não estão desconectados das cartas que chegam tarde, dos problemas incontornáveis em torno da destinação e do destino. Neste momento, gostaria de destacar duas importantes disjunções temporais que tornam ainda mais complexo o endereçamento ao *você*. Em *Or*, as cartas do pai, guardadas pelo irmão, chegam décadas depois às mãos da narradora. Esses pequenos eventos engendram cenas de ressurreição, de leitura e de especulação sobre o destino e a contingência. Não há como responder às cartas do pai e nem mesmo saber a quem, de fato, elas foram endereçadas; em outro livro, *Hyperrêve*[5] [Hipersonho], ao saber sobre o *sommier*[6] que sobreviveu a Walter Benjamin, não é mais possível fazer uma tese sobre ele e substituir a que foi escrita sobre James Joyce, e, sobretudo, não é mais possível endereçar a história incrível do *sommier* ao amigo Jacques Derrida que, segundo Cixous, fez de *Fichus*[7] uma carta de amor a Benjamin, que, por sua vez, não pode respondê-lo. Essa ausência de resposta coloca a linguagem da obra de Cixous no rastro daquilo que Roberto Schwarz formulou de forma lapidar sobre a obra de Franz Kafka: "Quando não há resposta, o dizer torna-se puro, prece para quem diz, poesia para quem vê dizer."[8]

---

4   M. Proust, op. cit., p. 85.

5   H. Cixous, *Hyperrêve*, 2006a.

6   O *sommier*, em *Hyperrêve*, condensa muitas camadas de leituras. Numa dimensão benjaminiana, problematiza-se a questão da memória e da aura. Em dimensões proustianas e freudianas, problematizam-se questões em torno do objeto perdido, do luto, da ressurreição da recordação através de um objeto. Numa dimensão derridiana, retornam questões em torno do "tarde demais" de Santo Agostinho. Diante do *sommier* que pertencera a Benjamin, a narradora lembra sua tesc de doutorado, *The exile of James Joyce*, e introduz um "se" temporal: talvez ela não tivesse Joyce como objeto se a história sobre Benjamin tivesse sido contada antes por sua mãe.

7   J. Derrida, *Fichus*, 2002.

8   R. Schwarz, "Uma barata é uma barata é uma barata" in R. Schwarz, *A sereia e o desconfiado*, 1986, p .68. Agradeço a Davi Pimentel, que trouxe de volta esse trecho precioso esquecido por mim.

Em *Or*, a história do pai se entrelaça à história da ascensão do nazismo e de seus efeitos para os judeus na Argélia. Tal entrelaçamento é um procedimento da literatura de Hélène Cixous. Em *Hyperrêve*, uma história contada por Ève traz de volta um *sommier* que, comprado pela mãe da narradora em 1938, sobrevive ao seu antigo dono, Walter Benjamin. O *sommier* de Benjamin vendido a Ève antes da morte do filósofo se entrelaça tanto aos exílios provocados pelo nazismo quanto à grande cena filosófica que se passa entre a Escola de Frankfurt e a Desconstrução derridiana, bem como à relação entre o luto e o sonho, elementos e procedimentos incontornáveis da literatura de Cixous[9] e da psicanálise. Assim, o nazismo atravessa a história do pai e de toda a família materna, composta de judeus alemães moradores da cidade de Osnabrück, na Alemanha, da qual muitos deles não conseguiram escapar da terrível noite de 9 para 10 de novembro de 1938, conhecida como a "Noite dos Cristais".

Em *1938, em nuits*,[10] Hélène Cixous dará forma à sua imensa dificuldade de compreender a coragem de alguns judeus de permanecerem na Alemanha de Hitler, deixando que a narração enlace uma história e um destino, que lhe concernem, mas que não foram escritos por ela. Já em *Gare d'Osnabrück à Jerusalém*[11] [Estação de Osnabrück para Jerusalém], a "paixão de Andreas," tio-avô de Hélène por parte de mãe, é contada a partir de alusões à tragédia de Lear, em determinado ponto, diz o livro:

> – *Il y a une tragédie cachée dans la Tragédie dont personne n'a la force de parler. C'est une tragédie naine entrelacée de péches et d'innocences où tous les personnages ont des raproches à faire à tous les personages [...] Qu'il y ait une tragédie cachée dans um pli*

---

9   Na potente conferência intitulada "Vers le plus effayant", Cixous reitera a importância que Derrida conferiu ao sonho ao ler sua obra para acrescentar o luto. Voltarei a ela no capítulo 3.

10   H. Cixous, *1938, nuits*, 2019.

11   H. Cixous, *Gare d'Osnabrück à Jerusalém*, 2016a.

noirci de la Tragédie, c'est la le tragique. Si je n'écrivais pas, dit le livre, personne ne saurait rien de la véritable Passion d'Andreas Tout le monde l'enterrerrait sous les dècombres de la mémoire.[12]

– Há uma tragédia escondida na Tragédia da qual ninguém tem força de falar. É uma tragédia miúda entrelaçada a pecados e a inocências em que todos os personagens têm reprovações a fazer a todos os outros personagens [...]. Que haja uma tragédia escondida na dobra negra da Tragédia, eis o trágico. Se não escrevo, diz o livro, ninguém irá saber nada da verdadeira Paixão de Andreas. [...] Todo mundo a enterraria sob os escombros.

Retirar essas histórias dos escombros não implica, contudo, extirpar esquecimentos e silêncios. Um pouco mais adiante, ainda na reconstrução narrativa dos destinos que a família materna toma durante a ascensão do nazismo, a narradora indica que todos esses destinos se decidiram pela mistura de História e má escolha, "fermento da tragédia grega", e alguns desses destinos passaram a um ainda "pior". Depois dessas palavras, na narrativa, há um corte, e o leitor se depara com mais de meia página em branco. Na página seguinte, encontra um desenho de Pierre Alechinsky, e, na página que sucede o desenho, em fonte notadamente menor, lê-se:

LA NOTE CHUCHOTE. – Moi, la note, je vais chuchoter ce que H. ne peut pas dire. Alors d'abord Gerda et son mari le pokeriste, qui en outre ne se gênait pas d'avoir un strabisme et d'envoûter sa femme, sont deportiert Gurs-Drancy-Auschwitz. Mais les deux petits enfants sont escamotés par une association clandestine, et gardés en vie dans une association juive. C'est alors qu'a lieu la désassociation: la soeur de Ger. qui habite à New York d'une part adopte le garçon d'autre n'adopte la fille. La fille reste.

---

12 H. Cixous, op. cit., p. 68.

– Et pourquoi? Pouquoi? souffle H.
– Elle n'avait pas de place dans son appartement, dit Ève auz grands yeux sereins.
– Um petit appartement, dit Ève aux grands yeux.
Aïe! Aïe! Aïe!
Vouz l'entedez? C'est H. qui tape du pied. Aïe! Aïe! Je me tais! Sors de mon livre! elle crie. Je me dissipe dans le papier. Faites comme si jê n'avais rien chuchoté.[13]

A NOTA SUSSURRA. – Eu, a nota, vou sussurrar o que H. não pode dizer. Então primeiro Gerda e seu marido o jogador de poker, que não se incomodava de ter um estrabismo e de seduzir sua mulher, foram *deportiert* para Gurs-Drancy-Auschwitz. Mas as duas crianças foram escamoteadas por uma associação clandestina, e mantidas vivas em uma associação judaica. Foi então que se deu a dissociação: a irmã de Ger. que mora em Nova York adota o menino, mas não adota a menina. A menina fica.
– E por quê? Por quê? suspira H.
– Ela não tinha lugar no seu apartamento, diz Ève com grandes olhos serenos.
– Não tinha lugar para a menina? grita H.
– Um apartamento pequeno, diz Ève com olhos grandes
Ai Ai Ai!
Vocês ouviram? É H. que se irrita. Ai! Ai! Não está mais aqui quem falou! Saia de meu livro! Ela grita. Eu me dissipo no papel. Façam como se eu não tivesse sussurrado nada.

O fragmento é exemplar e não aparecerá outra vez na obra de Cixous: nele, quem fala é a nota em forma de sussurro, já que a narradora está impedida de dizer devido à violência do evento. No

---

13 H. Cixous, op. cit., p. 128. A palavra *deportiert* está em alemão no original sem itálico ou outro indicativo de que não se trata de uma palavra francesa. Mantive essa não marcação na tradução para o português.

entanto, essa violência não diz respeito apenas ao evento histórico, mas também ao evento da linguagem. A escrita de Cixous, seu idioma, compõe-se à medida que a narração recebe palavras citadas, recitadas, ressuscitadas, que se dá a permissão humilde para escrever aquilo que vem da própria língua, do sonho, da literatura, da história e do próprio destino. Não é por acaso que Hélène Cixous se inclui naquilo que observa a respeito do ator e diretor Daniel Mesguich: "Ele cita de todas as maneiras. Sou uma citadora, uma contadora de histórias. Não se pode contar a não ser citando, re-citando, re-situando, ressuscitando, ressuscituando, é o que Daniel faz quando faz teatro."[14]

A especificidade do fragmento de *Gare d'Osnabrück à Jerusalém*, citado anteriormente, está no seu próprio destaque no corpo do texto e na própria transformação nomeada, isto é, da explicitação da mudança das vozes da narrativa para o sussurro de uma nota. Em um livro anterior, *Manhattan: lettres de la préhistoire*,[15] há uma montagem de cena e de vozes, nem sempre tão explícita como a que acabo de mostrar, que cita as tentativas de fabricação do livro e que acaba se entretecendo a uma fabricação de si. A cada obra de Cixous, cabe sempre retomar a pergunta sobre de que é feito esse *si* já que não é jamais do *mesmo*.

Jacques Derrida toma *Manhattan* como eixo gravitacional da conferência preparada para receber o acervo de Hélène Cixous na Biblioteca Nacional da França e relata que, quase ao fim da escrita, foi reler algumas obras dela, e o efeito era o de que tinha lido algumas frases pela primeira vez. Delineia-se, assim, um efeito de leitura, além daquele de estrangeiridade, que é muito importante para este capítulo – o efeito de que aquilo que se relê está sendo lido pela primeira vez. Um terceiro efeito impele a uma necessidade de atenção e de operação na microestrutura. Os três – estran-

---

14 H. Cixous, "Débat" in M. Calle-Gruber, *Hélène Cixous: croisées d'une oeuvre*, 2000, p. 457.

15 H. Cixous, *Manhattan: lettres de la préhistoire*, 2002.

geiridade, primeira vez, detalhe – não estão desconectados e falam de uma dificuldade de resumir, abarcar e generalizar as sutilezas microscópicas da obra de Cixous.

Se Derrida pinça da obra a letra G, retomo essa cena de leitura para pinçar a letra D, em *détail* [detalhe], *destin* [destino], *deliu* [luto], *dette* [dívida], DS/*différance sexuel* [diferença sexual]. Em *Manhattan*, lemos: "O Detalhe faz a Tragédia. Não é possível Narrativa atroz sem a ínfima falha na muralha que cerca o indizível."[16] Em seguida, a narradora põe-se a fazer um pequeno inventário de detalhes da sua história e da própria literatura: o lenço de Otelo, um quadro no quarto de Gregor Samsa, a lanterna mágica no quarto de Marcel. Mais adiante, ela diz e nos dá mais pistas:

> *J'ouvre un livre, la lumière est, la langue commence aussitôt son récit, je me refabrique toujours moi-même avec ces molécules littéraires me disais-je autrefois comme aujourd'hui, Il est six heures du matin sept heures parfois, j'entends le souffle régulier et curieusement fort des livres sur mes étagères.*[17]

Abro um livro, a luz se faz, a língua logo começa sua narrativa, me refabrico sempre, eu mesma, com essas moléculas literárias, me digo outra vez como hoje, são seis horas da manhã sete horas talvez, escuto o sopro regular e curiosamente forte dos livros sobre minhas estantes.

Pode-se dizer que essas moléculas literárias não refabricam apenas a narradora, mas também a estrutura narrativa que recebe o sopro dos livros nas estantes. Se Jacques Derrida pode dizer que há em cada obra uma "gênese da literatura" é porque não apenas há um enunciado em *Manhattan* que diz "me refabrico com moléculas literárias", remetendo ao *Eu* da narradora, mas também porque

---

16 H. Cixous, idem, p. 47.

17 H. Cixous, idem, p. 77.

tal enunciado remete ao princípio de fabricação do próprio livro e às línguas que falam a narrativa do livro. Refabrica-se, ao mesmo tempo, o *Eu* e a Literatura, um *Eu* da Literatura, mas não uma Literatura do eu no sentido estritamente autobiográfico. Neste ponto preciso, retomo uma formulação de Jacques Derrida sobre H.C. – "Seu hiperrealismo ficcional coloca para a questão dos modos e gêneros os problemas mais assustadores, extraordinários e interessantes"[18] – para tentar desdobrá-la em termos da crítica mais estritamente literária e, assim, pensar esse "hiperrealismo ficcional" a partir da própria colisão e da cisão entre a história e o ato de sua enunciação, entre o tempo da escrita e o tempo da cena que se quer reconstituir, sabendo que o esquecimento, o tempo e, sobretudo, a própria língua da narrativa transformam todos os elementos, todas as moléculas. É instigante que em *Le livre de Promethea* [O livro de Promethea], a narradora diga assim:

> *Je suis, – j'ai été jusqu'ici – um auteur qui toujours s'est efforcée de transformer la realité en fiction, par égal respect pour la realité et pour la fiction, je me suis senti obligée de me garder de toute tentative de réprésentation et j'ai toujours voulu tenir l'écriture à quelque distance de la vie même (Du moins c'est ce que j'ai cru vouloir faire – mais je ne peux pas juger du résultat).*[19]

Sou – fui até aqui – uma autora que sempre se esforçou para transformar a realidade em ficção, por igual respeito pela realidade e pela ficção, me senti obrigada de me guardar de toda tentativa de representação e, por isso, sempre quis manter a escrita a alguma distância da própria vida (pelo menos é o que acreditei fazer – mas não posso julgar o resultado).

---

18   J. Derrida, 2002, p. 30-31.

19   H. Cixous, *Le livre de Promethea*, 1983, p. 19.

Há uma disjunção desenhada que é incontornável e que eu gostaria de situar como hiperrealista. Não posso deixar de pensar que, no último capítulo de seu *Mimesis: a representação da realidade na literatura ocidental*, intitulado "A meia marrom",[20] Erich Auerbach ata o "realismo" de Virginia Woolf ao estilo indireto livre como modo de figuração da realidade psíquica. De certo modo, poderíamos traduzir esse procedimento para aquilo que, a partir de Cixous, do "hiperrealismo ficcional", poderia ser situado como um modo de choque, de colisão, entre os eventos errantes e o ato de escrita que, nesta obra, é uma espécie de espera que as palavras sejam *ressus/citadas*. Esse choque entre história e ato de narração acaba por constituir um novo evento que, por recitação, passa à literatura. Não é à toa que Cixous expressa certa paixão pela cena proustiana no pátio de Guermantes. Depois de ter se sentido vencido pelas resistências que o impediam de escrever a sua obra, o narrador de *Em busca* vai a uma festa no Palácio dos Guermantes. Primeiro, no pátio, um tropeção traz de volta a memória involuntária de Veneza, em seguida, instalado na biblioteca, ele escuta o tilintar da colherzinha na xícara, esses dois eventos são lidos pelo narrador de Proust e, depois, pela narradora de *Hyperrêve*, como uma passagem à literatura. É nesta zona choque e de passagem sempre problemática que situaria o "hiperrealismo ficcional" formulado por Derrida, mas essa discussão pormenorizada é matéria para outro livro.

Dobra negra da Tragédia: quem são os verdadeiros autores?

Em conversa com a escritora e ensaísta Mireille Calle-Gruber, Hélène Cixous indica que a ausência de nomes para muitas de suas personagens é uma espécie de inadequação à categoria de personagem e que, nem por isso, teria cortado todos os laços com

---

20   E. Auerbach, "A meia marrom" in E. Auerbach, *Mimesis*, 1987.

o gênero romance, destacando que somente Clarice Lispector teria transposto certo limite em direção à outra zona, ao que Calle-Gruber replica: "É a zona do sublime: onde o romance, à beira do abismo, corre todo risco."[21] Sabemos que esse pôr-se à beira do abismo da gênese, do gênero e do gênio causa terror e resistência, que estão bem delineados em *Le livre de Promethea*:

> *Pour l'instant je ne peux pas me dispenser de H. Je n'ai pas encore le courage mental de n'être que Je. [...] L'autobiographie n'existe pas. Mais tant de gens croient que cela existe. Alors je declare ici solennellement: l'autobiographie n'est qu'un genre littéraire. Ce n'est pas um genre vivant. C'est um genre jaloux, décepteur, – je le déteste. Quand je dis "Je", ce n'est jamais le sujet d'une autobiographie, mon je est libre. Est le sujet de ma folie, de mes alarmes, de mon vertige.*[22]

Por ora não posso me dispensar de H. Não tenho ainda a coragem mental de não ser a não ser Eu. [...] A autobiografia não existe. Mas muitos acreditam que ela existe. Então declaro solenemente aqui: a autobiografia não é mais que um gênero literário. Não é um gênero vivo. É um gênero ciumento, enganoso, – eu o detesto. Quando digo "Eu", ele não é jamais o sujeito de uma autobiografia, meu eu é livre. É o sujeito de minha loucura, de meus alarmes, de minha vertigem.

Estou procurando apresentar, neste capítulo, o modo através do qual os movimentos do *Eu*, como narrador e personagem, são sobreposições de moléculas que se *roubam* da literatura, da história, da desconstrução, da psicanálise, da língua e do silêncio, da memória e do esquecimento. E tal roubo não se passa no plano

---

21 H. Cixous e M. Calle-Gruber, *Hélène Cixous, Rootprints: Memory and Life Writing* [Raízes: memória e escrita de vida], 1997, p. 71.

22 H. Cixous, *Le livre de Promethea*, 1983, p. 27-28.

simplesmente temático ou do enunciado, mas da própria estrutura da enunciação.[23] As narradoras menos falam do silêncio do que fazem silêncio, menos dizem do sonho do que roubam a própria estrutura do sonho para a narrativa.

Em *O riso da medusa*,[24] Hélène Cixous apontou a impossibilidade de definição de uma prática feminina da escrita, o que não quer dizer que ela não exista. Sua existência é atravessada tanto por um privilégio da voz, com ênfase no ritmo e no canto, que desregula o andamento linear da escrita, quanto pela indecidibilidade do verbo *voler*, que em francês significa, intransitivamente, voar, e, transitivamente, roubar. Voz, voo, roubo seriam os elementos imprescindíveis para a subversão daquilo que, regulado pela posse, estaria fixado no espaço e no tempo de maneira idêntica a si.[25] Pode-se, então, supor que o idêntico a si seria a causa do horror ao eu autobiográfico tradicional atado aos seus predicados, atributos e propriedades.

A estruturação da obra de Hélène Cixous se faz a partir da lei daquilo que se escuta pela primeira vez em sua ressurreição, em sua recitação: o *Eu* retorna, insiste, mas nunca de modo estável ou idêntico a si, seguindo seu destino de ser, instantaneamente, determinado e indeterminado pelo próprio fluxo das palavras e dos

---

23 Neste ponto, gostaria de remeter o leitor ao ensaio de Jacques Derrida – "A fita de máquina de escrever (*Limited Ink II*)". Nele, com base em Santo Agostinho e Rosseau, o filósofo articula as cenas do roubo de cada uma das *Confissões* às questões que, para ele, são indissociáveis da autobiografia, como a referencialidade, a culpa, o perdão.

24 H. Cixous, *O riso da Medusa*, 2022.

25 Ao entrelaçar indecidibilidade e subversão, não posso deixar de me lembrar do belo livro *Voir Hélène en toute Femme* (2000), em que Barbara Cassin percorre o efeito-Hélène na cultura ocidental de Homero, passando por Górgias e chegando a Lacan. A pertinência do argumento central de Cassin, segundo o qual "Hélène" é um objeto produzido pelo discurso, sua consistência está inteiramente ligada à linguagem. O real da palavra-Hélène é o efeito que ela produz em sua indecidibilidade – mulher e palavra, fugitiva e prisioneira. Efeito que entrelaça horror e fascínio. Jacques Derrida também se remete ao Elogio de Hélène de Górgias em *H.C. pour la vie, c'est à dire* (2000).

eventos. Talvez seja a partir dessa direção que a narradora de *Le détrônement de la mort* [O destronamento da morte] diga assim: "Direito de vida na morte. A morte? Tão plena de vida, de vidas."[26] Essas palavras permitem entrever que a problemática da morte, na obra de Hélène Cixous, não se dá em torno da consumação de uma perda, mas em torno daquilo que, na morte, depois da morte, permanece vivo. Talvez não houvesse melhor modo de dizer daquilo que constitui a própria cena literária depois da invenção da "memória involuntária" por Proust, isto é, um direito de sobrevida estética das palavras a partir da morte do referente intacto.[27] A reprodução do referente intacto e estático seria a subtração de toda sua complexidade, de suas relações com a memória, com o esquecimento e com a própria leitura interpretativa. O narrador de *Em busca*, depois da experiência e da perda da cena da memória involuntária, escreve que será preciso *criar*. É difícil traduzir, fazer passar, a cena de ressurreição do passado para a obra literária, para Proust tornar-se escritor é tornar-se leitor e tradutor do livro inconsciente:

> Explorando o inconsciente, procurava, roçava, contornava como um mergulhador em suas sondagens, ninguém me poderia, com regra alguma, facilitar a leitura, consistindo esta num ato criador que não admite suplentes nem colaboradores. [...] O livro de caracteres figurados, não traçados por nós, é o nosso único livro. [...] O que não precisamos deslindar a nossa custa, o que já antes de nós era claro, não nos pertence. [...]. Chegara eu assim à conclusão de que não somos de modo algum livres diante da obra de arte.[28]

---

26 H. Cixous, *Le détrônement de la mort: journal du Chapitre Los*, 2014b, p. 64.

27 É também o que se dá na última parte de *Ao farol*, de Virginia Woolf, quando a pintora termina de pintar seu quadro na ausência de Mrs. Ramsay, o suposto modelo da pintura, neste ponto em múltiplos apagamentos: no quadro e na vida, já que ela morre no decorrer da narrativa. (V. Woolf, *Ao farol*, 2016.)

28 M. Proust, *O tempo recuperado*, p. 159-160.

Tal leitura, tradutória, recriadora, não se faz sem perdas e sem um resto intraduzível. Assim como Derrida sabe que se há homonímia entre H.C. e H.C., formando uma dobra entre sua vida e sua obra, há também uma intraduzibilidade irredutível entre as quatro letras, entre as duas assinaturas, entre a vida e a obra, entre *Eu* e *Eu*, entre *Eu* e *Ela*.[29] Por um lado, tanto para Cixous quanto para o próprio Derrida,[30] o eixo ficcional se assentaria na terra instável, erodida, em que se desdobram, se indeterminam e se diferenciam os pronomes *Eu* e *Ela*. O literário e o intraduzível são, simultaneamente, impedimentos para uma lógica de totalização e possibilidades de devolver à linguagem a sua potência para nomear o horror, a fragilidade, o fascínio e sua desilusão.

No importante prefácio ao *The Hélène Cixous Reader*,[31] Cixous desloca a pergunta do "quem eu sou?" para o "quem somos nós?", ou "quando eu sonho, quem sonha?". A partir desse deslocamento, o *Eu* é destronado como ponto de referência exclusivamente narcísico e imaginário para receber camadas, sempre fugitivas e metamorfoseadas, vindas de outras cenas: das cartas do pai, das histórias da mãe, dos passeios com o irmão, das bibliotecas, daquilo que o passado, o inconsciente e os sonhos escrevem e inscrevem e que, embora veiculado pelo *Eu*, não funciona a partir de sua lógica da identidade, precisando, a cada novo giro da palavra, reencontrar outros modos de enunciação.

---

29 Propondo-se a focar os modos de endereçamento entre Derrida e Cixous, ao final de seu ensaio, Bérger diz da insistência de uma escrita "entre dois, que pensa ela em relação ao eu e eu em direção a ela." A. Bérger, "Appels", in M. Segarra (org.), *L'événement comme écriture: Cixous et Derrida se lisant*, 2007, p. 107.

30 Para pensar as relações, em suas proximidades e diferenças decisivas, entre Cixous e Derrida, remeto o leitor a M. Segarra (org.), *L'événement comme* écriture*: Cixous et Derrida se lisant*, 2007. E, também, a M. Hanrahan, M. Dawson e E. Prenowitz (org.), "Cixous, Derrida, Psychoanalysis". *A Journal of Modern Critical Theory*, 2013.

31 S. Seller, *The Hélène Cixous Reader. With a Preface by Hélène Cixous and Foreword by Jacques Derrida*, 1996.

Em *Gare d'Osnabrück à Jerusalém*,[32] para mencionarmos pelo menos uma ocorrência entre inúmeras e diversas em sua obra, a narradora se põe a escutar e a dialogar com o próprio livro, com ou sem o uso de travessões que costumam caracterizar um diálogo, mas sempre marcando com a expressão: "diz o livro", mesmo quando ele, o livro, diz que não dirá o que pensa. O livro e a literatura estão no cerne do problema da formalização das obras que abordei neste capítulo, são eles que permitem o desvio dos berros da besta:

> *J'avais été terrifiée deux fois. Mais je n'avais pas vieilli.*
> *Je n'avais pas poussé des hurlements de bête, je n'avais pas désiré mourir pour interrompre la terreur.*
> *J'avais chaque fois voulu vivre. J'avais ouvert un nouveau livre.*
> *J'ai pris l'avion. Je poussais ma vie devant moi. Je n'ai pas reconnu la copie des fantômes.*[33]

Por duas vezes, estive aterrorizada. Mas não envelheci. Não me deixei guiar pelos berros da besta, não quis morrer para interromper o terror. A cada vez, quis viver. Abri um novo livro. Tomei um avião. Coloquei minha vida diante de mim. Não reconheci a cópia dos fantasmas.

Nesse fragmento de *Manhattan*, o ter estado diante do terror, sem palavras, não é representado através de frases subordinadas, nem de atribuições de sentido. A representação se faz através de quatro sentenças negativas, pela declaração do desejo de viver e por três sentenças com ações bem-definidas – abrir, tomar e colocar –, responsáveis pelo destino que se encontrou para interromper a ausência completa de forma.

A "dramaturgia da família" em Cixous, assim nomeada por Derrida, não diz respeito apenas aos personagens que têm

---

32 H. Cixous, *Gare d'Osnabrück à Jerusalém*, 2016a.

33 H. Cixous, *Manhattan: lettres de la préhistoire*, 2002, p. 106.

relações consanguíneas com a narradora, a própria obra comporta também a grande cena literária e, talvez, psicanalítica, já que Freud, por exemplo, torna-se o tio Freud e Hélène, a sua sobrinha. Sua dimensão trágica também não deixa de remeter à herança dos Labdácidas.[34] Como efeito da morte do pai, a narradora de *Osnabrück* se pergunta: "*Comment puis-je être la fille de ma mère alors je suis moi-même mon père et la fille de mon père?*" [Como posso ser a filha de minha mãe já que sou eu mesma meu pai e a filha de meu pai?].[35]

Uma das camadas da tragédia da filiação, nos Labdácidas, dá-se pelo fato de Édipo ter se tornado, ao mesmo tempo, filho e marido de Jocasta, pai e irmão de Etéocles, Polinices, Antígone e Ismene. Em Cixous, tal tragédia da filiação se dá na estrutura da frase e na complexidade pronominal. Escutemos aquilo que se encontra destacado no encarte de *Revirements: dans l'antartique du coeur* [Reviravoltas: na antártica do coração]:

> *Je criais: je vais me tuer ou tu vas me tuer', et ça, ce n'était pas dans la pièce que j'avais écrite. Maintenant, je suis dans la pièce que je n'ai pas écrite, et où je suis jouée par les autres personnages, je ne peux pas quitter la pièce, je ne peut pas vouloir la quitter avant le dernier acte.* [grifo nosso][36]

> Eu estava gritando: "*eu vou me matar ou você vai me matar*", e isso, isso não estava na peça que eu escrevera. Agora, estou na peça que não escrevi, e onde sou interpretada por outras personagens, não posso deixar a peça, não posso querer deixá-la antes do último ato.

---

34 A Dinastia dos Labdácidas foi a linhagem real que estabeleceu e governou a cidade de Tebas, na Grécia Antiga, de acordo com a mitologia grega. Esta casa real incluiu alguns dos personagens mais célebres da mitologia e do teatro clássico, como Édipo e Antígona. O nome da dinastia deriva de Labdaco, o terceiro rei de Tebas. (N.E.)

35 H. Cixous, *Osnabrück*, 1999, p. 106.

36 H. Cixous, *Revirements: dans l'antartique du coeur*, 2011.

As metamorfoses do Eu, do Você e do Ele em moradas de muitas vozes, de muitos tempos, bem como o trânsito dos pronomes pelas posições de autor, narrador e personagem, acabam por constituir um dos eixos mais complexos da obra de Hélène Cixous. Pode-se dizer que há uma insistência em dizer *Eu* justamente na cena de seu destronamento pela morte, pelo passado, pelo destino, pelo inconsciente em suas histórias censuradas ou sussurradas, pela literatura. Talvez sejam esses os principais autores dessa obra, através dos quais se inscreve "uma memória adicional na linguagem". Para Cixous, aprender a viver implicaria aprender a ler a estrutura a qual estamos presos, "o destino no qual caímos", e reescrevê-la? Finalmente, escutemos o que ela mesma diz no prefácio ao *The Hélène Cixous Reader*:

> E no mundo como palco ou no palco como mundo, há também os deuses. Nunca houve teatro sem "deuses", sem forças superiores, que interferem nos nossos negócios ou, pelo menos, como em Shakespeare, riem de nós. [...] Os deuses, porém, são parte de nós. Quem são eles? Eles têm nomes modernos: pulsões, id, leis, ordem e desordem, instância paradoxal, double-bind, etc... "destino" pessoal; em outras palavras, estrutura.[37]

Se há prisão em certas estruturas, há também liberdade formal para reinventar essa prisão e essa liberdade na literatura, com a literatura. É ela que responde aos fins, aos desabamentos, aos túmulos, fazendo do cemitério maternidade e biblioteca. Se o título do livro de 2023 é uma pergunta: *Incendizer – o que levamos?*, poderemos recomeçar com a pergunta: do *incendizer* de Clarice o que leva Hélène?

---

37   S. Seller, *The Hélène Cixous Reader. With a Preface by Hélène Cixous and Foreword by Jacques Derrida*, 1996, p. 19.

A MOLÉCULA CLARICE, A NÃO DEVORAÇÃO COMO PROVA DE AMOR

Para João Camillo Penna, por tantos escritos da sobrevivência.

"Tudo no mundo começou com um sim. Uma mólecula disse sim a outra mólecula e nasceu a vida. Mas antes da pré-história havia a pré-história da pré-história e havia o nunca e havia o sim. Sempre houve."

Clarice Lispector, *A hora da estrela*

Hélène lê Clarice, ou chamar as coisas pelo seu primeiro nome

"Vivo a vida dos meus mortos."
Clarice Lispector, *A descoberta do mundo*

O dia nasce da pena de uma fantasma chamada Virginia Woolf. Em *As ondas*:

> O sol ainda não tinha se levantado. O mar era indiscernível do céu, exceto pelo fato de que o mar estava ligeiramente amassado, como um tecido dobrado. Gradualmente, como se o céu branqueasse, uma linha escura estendeu-se no horizonte dividindo céu e mar e o tecido cinza tornou-se compassado

com espessos golpes que movem, um depois do outro, através da superfície, seguindo uma ao outro, perseguindo um ao outro, perpetuamente.[38]

Uma voz vinda de longe nos deu a passagem da noite para o novo dia, a linha, o tecido e o compasso de um movimento. Chamemos as coisas pelo seu primeiro nome. *Perto do coração selvagem*:[39] assim o primeiro romance de Clarice Lispector foi chamado por Lúcio Cardoso.[40] Um nome que é corte e extração de uma outra cena, a cena joyciana em *Retrato do artista quando jovem*.[41] E não deixemos de evocar "No raiar de Clarice Lispector",[42] artigo com o qual Antonio Candido recebeu esse primeiro romance que já levava a nossa língua para domínios inexplorados.

Corto e extraio pedaços:

Ela se afasta fazendo uma trancinha nos cabelos escorridos. Nunca nunca nunca sim sim sim, canta baixinho. Aprendeu a trançar um dia desses. Vai para a mesinha de livros, brinca com eles olhando-os à distância. Dona de casa marido filhos, verde é homem, branco é mulher, encarnado pode ser filho ou filha. 'Nunca'é homem ou mulher? Por que 'nunca' não é filho nem filha? E 'sim'? Oh, tinha muitas coisas inteiramente impossíveis. [...] Anda tão solta a criança, tão magrinha e precoce... [...] Um ovinho, é isso, um ovinho vivo. O que vai ser de Joana?[43]

---

38 V. Woolf, 1931, p. 7, tradução minha.

39 C. Lispector, *Perto do coração selvagem*, 1986.

40 Lúcio Cardoso (1912-1968) foi um escritor brasileiro. Publicou, dentre outros livros, *Crônica da casa assassinada* (2021). O interesse pela obra do autor cresceu nos últimos anos, e em 2023 foram publicados todos os volumes dos seus diários. [L. Cardoso, *Todos os diários*, 2 vol., 2023]. (N.E.)

41 J. Joyce, *Retrato do artista quando jovem*, 2016.

42 A . Candido, *Vários Escritos (Ensaios)*, 1970.

43 C. Lispector, op. cit., p. 26-27.

O fragmento está na parte final do capítulo intitulado "O pai". É impressionante o que ele condensa através da sobreposição paratática: o canto, a trança, o livro, a brincadeira, as perguntas em torno da diferença sexual, da filiação, do destino. No só-depois está o "Sim" que abre *A hora da estrela*,[44] está a pergunta sobre o impossível que Macabéa faz a Olímpio, está "O ovo e a galinha"[45] e o pinto a ser desejado por Ofélia em "A legião estrangeira",[46] está o livro desejado pela menina de "Felicidade Clandestina". No verde e no branco está a pintura de *Água viva*.[47] No corte e na repetição está *A paixão segundo G.H.*,[48] que não nos terá deixado esquecer que a joia do mundo é um pedaço de coisa. Atravessar a obra clariceana e retornar ao começo:

> [...] continuava lentamente a viver o fio da infância. [...] A fórmula se realizava tantas vezes: sentir a coisa sem possuí-la. Apenas era preciso que tudo a ajudasse, a deixasse leve e pura, em jejum para receber a imaginação. Difícil como voar e sem apoio para os pés e receber nos braços algo extremamente precioso, uma criança, por exemplo.[49]

O fio da infância de Joana, protagonista de *Perto do coragem selvagem*, se estende àquele tapete de palavras de desobediência e de amor em "Os desastres de Sofia".[50] Se a cena que insiste é a do nascimento, o fio de palavras é o que nasce do corte do cordão umbilical quando, no parto, tudo terá sido grito e choro. É notável

---

44 C. Lispector, *A hora da estrela*, 1998.

45 C. Lispector, "O ovo e a galinha" in C. Lispector, *Laços de família*, 1998.

46 C. Lispector, "A legião estrangeira", in C. Lispector, *A legião estrangeira*, 1992.

47 C. Lispector, *Água viva*, 2020.

48 C. Lispector, *A paixão segundo G.H.*, 1986.

49 C. Lispector, *Perto do coração selvagem*, 1986, p. 29-32.

50 C. Lispector, "Os desastres de Sofia", 2020.

no fragmento a sobreposição e as imagens gestadas e nascidas com *Perto do coração selvagem*. A imaginação é recebida, e esse receber é tão difícil quanto voar e tão precioso quanto receber uma criança nos braços. Digamos que imaginação, voo, criança são também primeiros nomes para *escritaclarice*, uma palavra-valise que adianta um pouco aquilo que Hélène Cixous lê, nomeia e coloca em seu próprio tear ou em sua própria arqueologia, já que a *escritaclarice* se destina a escavar, a desenterrar.

Desenterrar: tirar da terra o esquecido e o calado, fazendo o grito de dor dos enterrados metamorfosear-se em um chamado pela Literatura. Chamar *escritaclarice* é não esquecer que, em sua prática da escrita feminina, sempre por vir, o Nome-do-pai, lei que interdita, situa e hierarquiza, passa para a dimensão dos nomes de ninguém, nomes para um movimento singular da escrita: *sentir a coisa sem possuí-la.*

Chamemos a vida pelo seu primeiro nome. Sobrevida, isto é, chamar a vida, depois da morte, do crime, do roubo. Nas primeiras linhas de *Perto do coração selvagem*, atravessamos as onomatopeias, a feitura da poesia com o sol e as galinhas, a brincadeira do atropelamento, a morte do pai, o afogamento nos seios maus da tia, a crise de vômito diante do mar, o roubo do livro, o internato. No capítulo "O banho", tudo isso que constitui a cena da morte, da orfandade e do crime, aparece como "restos de um incêndio".[51] Chamemos as coisas pelo seu último nome. Cinzas ou leite derramado, já que, em *PCS*, uma sopa derramada sobre a mesa, fim de um jantar, metamorfoseia-se em água da banheira: primeiro "O quarto de banho é indeciso, quase morto",[52] e depois "Quando emerge da banheira é uma desconhecida que não sabe o que sentir. Nada a rodeia e ela nada conhece. [...] Na cama silenciosa, flutuante na escuridão, aconchega-se como no ventre perdido e esquece. Tudo é vago, leve e mudo [...]."[53]

---

51 C. Lispector, *Perto do coração selvagem*, 1986, p. 67.

52 C. Lispector, idem, p. 68.

53 C. Lispector, ibid, p. 68-69.

É impressionante a força condensatória dessas imagens de *Perto do coração selvagem* entre a perda, a morte e a ressurreição. À orfandade, ao livro roubado, juntam-se a quase morte, o nada, o mudo. E no fluxo desenham-se as perguntas em torno do que as coisas tentam dizer? "A palavra estala entre meus dentes em estilhaços frágeis." "E porque a primeira verdade está na terra e no corpo." "Aos 10 anos, tudo está no corpo",[54] dirá mais tarde uma voz de *Jours de l'an*, quando o horror da morte do pai é sentido pelo corpo da filha tal como é sentido por Joana em *Perto do coração selvagem*.

A noite nasce da pena de Virginia Woolf: "O sol afundara. Céu e mar eram indistinguíveis. As ondas espalhavam seus leques brancos por toda a praia, enviavam sombras brancas para o recesso das cavernas sonoras."[55]

Esses sons nos embalam e nos mergulham no sonho que nasce da banheira de Joana, chamemos as coisas pelo seu primeiro nome: Hélène d'Orange. Com uma *hache*, um *axe*, lâmina cortante em mais de uma língua, ela extrai do primeiro nome uma escada para escrita H.[56] Com corte e escada, pode-se talvez transformar as *ashes*, cinzas em inglês, em chamas e chamados. Os degraus são o sonho, a morte, o imundo. Sonho, morte e imundo, também chamados "escolas". Como chamaríamos Escola de Clarice um dentro em que temos "aulas de como ver aquilo que está vivo." No livro *A hora de Clarice Lispector*,[57] Hélène Cixous atende ao chamado e continua a seguir o fio dessa chama chamada *escritaclarice*, da parte intitulada "Vivre l'orange", extraio: "Na tradução de maçã em laranja (em laranja), eu tento me denunciar. Um jeito de assumir minha parte.

---

54 H. Cixous, *Jours de l'an*, 1990, p.74.

55 V. Woolf, *The Waves* [As ondas], San Diego; Nova York; Londres: A Harvest Book/ Harcourt Inc., 1959, p. 236, tradução minha. [Ed. bras.: *As ondas*, 2021.]

56 H. Cixous, *Three Steps on the Ladder of Writing* [Três degraus na escada da escrita], 1993.

57 H. Cixous, *A hora de Clarice Lispector*, 2022.

[...] a maçã amarga de ser-doce nas línguas, apple, apfel, appel. Clarice chama. Ela nos evoca."[58] *A maçã no escuro*[59] chama. Alô! Martim comete um crime para sair das abstrações das leis e estar presente no momento quando uma flor nasce, entrando "por amor, na verdade de uma criança". Martim atende ao chamado das pedras, das vacas, dos pássaros, dessa "coisa sem nome que é o cheiro da terra."[60] Martim recebe o chamado da noite, quer escrever, isto é, tocar na única rosa proibida do Jardim da Palavra. Sua escrita fracassa, ele recebe o silêncio e o sono. O que ele faz é adormecer e construir em sonho, quando estamos livres da rigidez do eu, da consciência, da visão. Às cegas avança, e pode ver na menina um calmo segredo. "À meia-noite Cinderela seria os trapos que na verdade era".[61] De um conto ao outro, de Cinderela a Chapeuzinho vermelho, lembremos que, diferentemente de Martim, Sofia, do conto "Os desastres de Sofia", escreve, subverte a moral da história do professor, e encontra seu tesouro em sujos quintais. Um tapete é feito de muitos fios.

Um outro fio me chama, assim: *Eu, em pequena, roubava rosas* – trata-se de um fio extraído de um conto de Clarice intitulado "Cem anos de perdão"; nele, a recordação da infância, a pobreza da menina, o roubo, a flor, o tribunal e o perdão se reencontram. A narradora retorna às ruas do Recife, aos seus passeios com uma amiguinha e se lembra de uma cena em que, no canteiro de um palacete, "estava uma rosa apenas entreaberta cor-de-rosa-vivo. [...] E então aconteceu: do fundo do de meu coração eu queria aquela rosa para mim." O meio de obtê-la era planejar o crime de roubá-la tendo a amiguinha como cúmplice. Pé ante pé, "até chegar à rosa foi um século de coração batendo."[62] A leitura do

---

58   H. Cixous, op. cit., p. 43.

59   C. Lispector, *A maçã no escuro*, 1992.

60   Ibid., p. 104.

61   Ibid., p. 222.

62   C. Lispector, "Cem anos de perdão", in *A felicidade clandestina*, 1998, p. 61.

roubo da rosa e do perdão, no conto, aponta para um saber escutar o apelo mudo das coisas que querem ser recebidas, roubadas: rosas, pitangas, livros. Coisas que, se não forem colhidas, amadurecem e morrem. Roubar, escutar, dar e receber seriam também formas para a ressurreição, e a sobrevida doada a esses objetos tem uma forte ligação com a infância. Assim, é preciso continuar a chamar as coisas pelo seu primeiro nome e dizer enfim, a infância.

Enfin, l'enfant [Enfim, o infante], escreve Hélène em *Jours de l'an* [Dias de ano] para girar em torno de um livro-não-escrito, poema é como o chamamos. Poema é também um nome para as coisas órfãs – Joana, Clarice, Héléne, a escrita de Platão a Jacques Derrida, para evocarmos outra linhagem? O livro-não-escrito é aquele que terá escrito a morte do pai, quando a filha também morre. O livro-não-escrito, o único que importa escrever, diria Marcel Proust, dá à luz uma criança mais morta que viva. É isto uma criança? *Jours de l'an*, o livro que nos chama a ler, faz coincidir a data de morte do pai com a data de nascimento da filha, faz do cemitério um país natal, faz do berço túmulo e do túmulo berço.

> *Le Jour de l'explosion, j'ai perdu à la guerre les bras, les jambés, la stature de mon père, son dos mince et ses fesses de cheval, j'em étais pantelante, je sens encore ajourd'hui les cops perdu.*
> *[...] A dix ans, l'enfant peut devenir folle et personne pour lui dire qu'il faut à um malheur trente anées, parfois cinquainte, pour devenir une chance.* [63]

O dia da explosão, perdi na guerra os braços, as pernas, a estatura de meu pai, suas costas finas e suas nádegas de cavalo, eu estava ofegante, sinto ainda agora o corpo perdido. [...] Aos dez anos, a criança pode ficar louca e não há ninguém para dizer a ela que a um mal talvez precise trinta anos, talvez cinquenta, para que ele se torne uma chance.

---

63   H. Cixous, *Jours de l'an*, 1990a, p. 74-75.

O tempo passa.

Vite! D'un bond je me lève, j'arrache la hache, je tu ela mort! Je cours dans la chambre à côte où gît l'enfant oublié. J'entre. [...] O imortelle créature qui resiste mêm à l'oubli. [...] La mère est ressucité! Dans le coeur ressurgit l'amour, le flot du lait. [...] Je nage dans la realité. Je vis! Je suis l'élue d'um miracle. J'entre, je sors, les portes restent ouvertes.[64]

Rápido! Num só movimento, me levanto, arranco o machado, mato a morte! Corro para o quarto ao lado onde jaz a criança esquecida. Entro. [...] Ó criatura imortal que resiste até ao esquecimento. [...] A mãe ressuscitou! No coração, ressurge o amor, o fluxo de leite. [...] Nado na realidade. Vivo! Sou o eleito de um milagre. Entro, saio, as portas permanecem abertas.

"É a primeira vez que dou uma porta a alguém", pensou Martim, tocando a maçã no escuro.

Em 12 de outubro de 1978, Hélène recebe na concha em seu ouvido uma voz estrangeira, vinda do Brasil, refugiada da Ucrânia em Maceió, em Recife, no Leme, em uma língua que ela não conhece, mas que se transmite e se escuta pelo fio que se estende da concha do ouvido para dentro, para o coração. Agarrar a maçã no escuro para viver a laranja é saber deixar a *escritaclarice* delinear o nascimento da vida com delicada atenção. Diante das coisas, chamá-las pelo seu primeiro nome: ovinho, Joana, Clarice, Hélène, criança, poema, maçã, laranja, flor. Recém-nascidos "estamos ainda na borda das línguas devemos aprender a nadar, escutamos as coisas cantar, tudo é hieróglifo, e não sabemos ainda ler, e tudo escreve",[65] diz Cixous. Escreve-se o corpo da criança, escreve-se o corpo da mãe desde sempre em pedaços, em ruínas. Ao tocar a maçã, ao

---

64 Ibid., p. 204-205.

65 H. Cixous, *A hora de Clarice Lispector* (1978) 2022, p. 69.

viver a laranja, escuta-se que a vida se fazendo é tão difícil como a arte se fazendo. Chamemos as coisas pelo seu primeiro nome: rosto de mãe, doador de vida, doador de morte:

> Amar: conservar vivo: nomear.
> O rosto primitivo foi o de minha mãe. Sua face podia me dar, à vontade, a vista, a vida, e retirá-las. Por causa da paixão pelo rosto primeiro, durante muito tempo, esperei a morte por este lado. Com a ferocidade de um animal, mantinha minha mãe à vista. Cálculo errado. No tabuleiro, eu chocava a dama e foi o rei que caiu.
> Escrever: para não deixar lugar para a morte, para fazer recuar o esquecido, para nunca se deixar surpreender pelo abismo.[66]

Pensemos em como a tradução de maçã para *Orange* faz recuar o esquecido e dá lugar à memória como outra vida.

Hélène chama a maçã de Orange

> *"Não ser devorado é o sentimento mais perfeito. Não ser devorado é o objeto secreto de toda uma vida."*[67]
> **Clarice Lispector,** em "A menor mulher do mundo"

Recomeço com o dizer de Jacques Derrida quando recebe o arquivo Cixous na Biblioteca Nacional da França, incluindo nele cartas e sonhos:

> No próprio ato de nascimento, o sagrado e o secreto. [...] o que não deve sobretudo faltar é o idioma Cixous.

---

66   H. Cixous, *A chegada da escrita*, 2024, p. 4.

67   Entre tantas coisas, agradeço a Patrick Bange a memória desta frase esquecida por mim, mas não menos operante no que pensei em torno da não-devoração.

Eu o descreverei, este idioma de uma assinatura, como a genialidade que consiste em se deixar acariciar por um gênio da língua que não volta a si de uma surpresa absoluta, de um contato inesperado que a afeta [...] quero dizer a língua francesa, como em sono ou sonambulando no sonho infinito de seu inconsciente.[68]

No posfácio da edição brasileira de *A chegada da escrita*, intitulado "A que passa é sempre mais de uma, quer dizer as mulheres, as línguas", destaquei passagens incontornáveis de *Une autobiographie allemande*[69] [Uma autobiografia alemã], livro em que moram as cartas de Hélène Cixous endereçadas à escritora e tradutora Cécile Wajsbrot. Essas cartas deixam passar parte de sua história com a língua alemã, que, sendo a língua falada por sua mãe, sua avó, sua tia, ela considera sua língua materna. Para ela, a infância é marcada pela expulsão da Argélia na era Vichy e, mais tarde, pela expulsão da vida pela morte do pai. Mais adiante, retomarei à questão que entrelaça expulsão e infância através de *Un vrai jardin*[70] [Um verdadeiro jardim].

Nas cartas a Wajsbrot, Cixous diz refugiar-se no país literatura; nele, a língua não deve estar atrelada a nenhum nacionalismo, mas ao viver, ao gozar. Pois bem, ela marca que foi uma criança alemã, já que falada em alemão por sua avó, mãe e tia – suas lembranças foram pintadas em alemão por essas três narradoras feéricas. E sua segunda língua é o inglês, que ela aprendeu em Londres aos treze anos de idade, e pôde assim ler e fazer de Shakespeare seu "sangue", seu "sentido",[71] e escrever uma tese sobre o exílio em Joyce e suas dezoito línguas. Quando a mãe está prestes a morrer, a ameaça é de que a língua alemã também suma, ameaça que

---

68 J. Derrida, *genealogias, gêneros e o gênio*, 2005.

69 H. Cixous e C. Wajsbrot, *Une autobiographie allemande*, 2016b.

70 H. Cixous, *Un vrai jardin*, 1998.

71 No original, Cixous deixa ressoar *sang* e *sens*.

se materializa na imagem de uma língua cortada. Do francês, *A chegada da escrita* deixa ouvir assim:

> *Tout de moi se liguait pour m'interdire l'écriture: l'Histoire, mon histoire, mon origine, mon genre. Tout ce qui constituait mon moi social, culturel. A commencer par le* nécessaire, *qui me fasait défaut, la matière dans laquelle l'écriture se taille, d'où ele s'arrache: la langue. Tu veux –* Écrire? *Dans laquelle langue? La proprieté, le droit me gendermaient depouis toujours: j'ai appris à parler français dans un jardin d'où j'étais sur le point d'*être *expulsée parce que juivre. J'étais de la race des perdeurs du paradise.* Écrire *français? De quel droit? Montre-nous tes letres de créance, dis-nous les mots de passe, signe-toi, fais voir tes mains, montre tes pattes, qu'est-ce que ce nez-là?*
> *J'ai dit '*écrire français'. On écrit en. *Pénétration. Porte. Frappez avant d'entrer. Formellement interdit.*
> *– Tu 'es pas d'ici. Tu n'es pas chez toi ici. Usurpatrice!*
> *– C'est vrai. Pas de droit. Seulement de l'amour.*
> [...]
> *– Je n'ai pas de langue legitime. Em allemand je chante, em anglais je me déguise, en français j evole, je suis voleuse, où repouserais-je um texte?*[72]

Tudo em mim ligava-se para interditar-me a escrita: a História, minha história, minha origem, meu gênero. Tudo o que constituía meu eu social, cultural. A começar pelo necessário, o que me fazia falta, isto é, a matéria em que a escrita se talha, da qual ela é extraída: a língua. Você quer – Escrever? Em qual língua? A propriedade, a lei, desde sempre me policiaram: aprendi a falar francês em um jardim onde eu estava prestes a ser expulsa porque era judia. Era da raça dos expulsos do paraíso. Escrever francês? Com que direito?

---

72   H. Cixous, "La venue a l'écriture", 1986, p. 21-24.

Mostre-nos suas credenciais, diga-nos as senhas, assine, mostre suas mãos, suas patas, que nariz é esse?

Eu disse "escrever". Escreve-se *em*. Penetração. Porta. Bata antes de entrar. Estritamente proibido.
– Você não é daqui. Aqui não é sua casa. Usurpadora!
– É verdade. Não é por direito. Só por amor.
[...]
– Não tenho uma língua legítima. Em alemão canto, em inglês me disfarço, em francês *vooroubo*,[73] sou ladra, onde eu pousaria um texto?[74]

E em português do Brasil, o que faz Héléne Cixous? Ela diz – *Eu aceito*. E traduz a maçã em *Orange*. Para começar a pensar este ato, recorro a Derrida, na tradução de Olivia Niemeyer: "Como ousar falar de tradução diante de vocês que, na consciência vigilante que têm da enormidade da questão, e não somente do destino da literatura, fazem dessa tarefa sublime e impossível o seu desejo, sua inquietude, seu trabalho, seu saber e sua arte?"[75]

Para falar dessa tradução que coloca em ato um modo de ler e uma teoria sobre ler – talvez condensada na palavra-valise *oublire*, condensando "esquecer" [*oublier*] e "ler" [*lire*][76] –, é preciso um certo afastamento da consciência vigilante e, como o faz Derrida

---

73 O verbo *voler*, em francês, significa, "intransitivamente", "voar", e, transitivamente, "roubar". Optamos por *vooroubo* quando a indecidibilidade nos pareceu intransponível; outras vezes, o contexto nos permite optar por um ou outro sentido.

74 H. Cixous, *A chegada da escrita*, 2024, p. 22.

75 J. Derrida e O. N. Santos, "O que é uma tradução 'relevante'?" *ALFA: Revista de Linguística*, vol. 44, nº 1, 2001. Disponível em: https://periodicos.fclar.unesp.br/alfa/article/view/4277. Acesso em: 26 mar. 2024.

76 A palavra-valise *oublire* coloca em cena uma operação de leitura presente nos textos de Cixous de esquecer e apagar no mesmo movimento de ler, escrever, inscrever. É este movimento que tentamos iluminar ao lê-la com Freud e com Proust.

em *Fichus*,[77] aceitar o sonho. É preciso recordar a criança, aquela que sempre retorna, o pequeno Marcel, como quem brinca sobre as ruínas e traduziu seu livro interno na *Busca* de um livro desde sempre perdido, isso depois de tropeçar no pátio de Guermantes, que, por sua vez, terá traduzido a praça São Marcos, em Veneza. É preciso recordar que Shakespeare traduziu dinheiro por uma libra de carne. E que a própria Cixous desfaz e refaz o nome do pai: se um centavo, se embaixo! Quer dizer, também, ao sul.

Cruzando o Atlântico, uma voz vem de longe, Clarice oferece a maçã, Hélène aceita em português – *Eu aceito* – e o ouvido traduz *Orange*. Escutar a *Orange* é um trabalho de *secrexcitação*[78] da maçã de Clarice e, também, da maçã de Ève? Por ora, evocarei os trabalhos de Hércules, ou de Hermés, ou de Orfeu, ou de Elias, para dar forma ao desejo de transmissão dos efeitos da mensagem, para decompor essa *secrexcitação* em dois trabalhos de Hélène: trabalho de parto (em português, para nossa sorte é: parir e partir) e trabalho de sonho.

A palavra-valise – *secrexcitação* – nasce de um *Hyperrêve*, título que, carregando o nome da mãe da narradora, Ève, passa a ser nome para eventos violentamente reais, aquela que escreve está entre a morte recente de seu amigo J. D. e a iminente morte da mãe que sofre de uma doença rara de pele. A pele ferida da mãe, tratada pelas mãos da filha, se confunde tanto com um livro já escrito a ser lido, e não compreendido, quanto com a folha ainda a escrever não somente as dores da filha, mas também as catástrofes do século XX, século infernal que se inaugura com *A interpretação dos sonhos*, de Freud. Escutemos o estranho relato de quando, no livro, Derrida morto faz uma chamada para a narradora:

Je sens à chaque tournant de la phrase qu'elle décrit une série de spirales comme pour s'enrouler autour de son coeur, je note en abrégé,

---

77   J. Derrida, *Fichus*, 2002.

78   Ver nota 32, p. 20.

à partir d'un certain moment sa voix baisse, j'ai affreusement peur de me réveiller avant qu 'il atteint le terme je m'immobilise sauf au poignet pour faire corps avec la musique de cette voix venerée me gardant bien de souffler ni mot ni allô allô, car je comprends trop bien l'extrême fragilité de la grâce, et qu'elle dépend de l''tat d'interiorité que ke plongeuri sous hypnose arrive à maintenir sans reprendre sa respiration.

Je garde tout dans la transcription qui suit, pas question predre une lettre:

'Car on aime mieux les choses dont nous a parlé d'abord un livre ou une parole de quelqu'un qui a pour la voix de quelqu'un qui a pour nous autant d'autorité qu la chose écrite npus a d'abord parlé. Cars alors nous. Avant que nous la voyions. Ainsi nous pouvons lui faire un double *(ici je souligne car la voix a souligné)* dans notre coeur la porter, la réchauffer en nous-mêmes, la parer de toutes les idées *de perfection que tu portes en toi, la, lui, donner une personalité (la voix souligne) et enfin (et à partir d'ici il me sembla que la voix s'en allait mais j'étais si avide de la retenir que mon âme sinon mon corps me sembla s'élancer hors de moi pour se jeter vers la voix)* [...] *tout en notant plus vite que ma vitesse comme portée par une vitesse autre, j'ai reconnu avec une extase d'émotion que mon ami me faisait en toute hâte un des ces signes qu'il ma toujours fait de la manière joueuse et enfantine qui* était *une des conventions de notre amitié que nous appelions* faire citation ou parfois secrécitation.'[79]

Sinto a cada reviravolta da frase que ela descreve uma série de espirais como para girar em torno de seu coração, anoto abreviando a partir de um certo momento sua voz abaixa,

---

79   H. Cixous, *Hyperrêve*, 2006a, p. 103, grifos da autora. É interessante pensar que o fragmento destaca a pressa para não perder uma palavra de Derrida e que foi Deleuze, já em 1972, quem pensou a questão da velocidade na escrita de Cixous. Cf.: G. Deleuze, "Hélène Cixous ou a escrita estroboscópica", in G. Deleuze, *A ilha deserta*, p. 293-294.

tenho um medo terrível de acordar antes que ele chegue ao fim eu me imobilizo, salvo o punho para fazer um só corpo com a música desta voz venerada, me resguardando de sussurrar nem uma palavra nem um alôalô, porque entendo muito bem que a extrema fragilidade da graça depende do estado de interioridade que o mergulhador sob hipnose consegue manter sem voltar a respirar.

Guardo tudo na transcrição que segue, está fora de questão perder uma letra: *'Porque gostamos mais das coisas faladas primeiro por um livro ou de uma palavra proferida por alguém que a voz tem tanta autoridade sobre nós, é que a coisa escrita fala primeiro. Porque então nós. Antes de a vermos. Então, podemos fazer um duplo* (aqui sublinho porque a voz sublinhou) *no nosso coração para carregá-la, para aquecê-la em nós, para enfeitá-la com todas as ideias de perfeição que tu carregas em ti, aí, para lhe dar um personalidade* (a voz sublinha) e, finalmente (e a partir deste momento parecia que a voz estava indo embora, mas eu estava tão ávida para segurá-la que minha alma que até meu corpo parecia pular para fora de mim para se jogar em direção à voz) [...] anotando mais rápido que minha rapidez como se portasse uma rapidez outra, reconheci com êxtase que meu amigo me fazia com toda pressa um desses signos que ele sempre me fazia de uma maneira alegre e infantil que era uma das convenções de nossa amizade que nós chamaríamos de *fazer citação* ou às vezes *secrecitação'*.

Derrida ressuscita no sonho, numa velocidade marcada pela ausência de pontuação. A reviravolta de cada frase cita o método de leitura da desconstrução e seu girar em torno do prepúcio perdido de *Circonfissão*[80], talvez o livro de Derrida mais explicitamente

---

80   G. Bennington e J. Derrida, *Jacques Derrida,*1996.

lido por Cixous. Escuta-se também *A farmácia de Platão*[81]e a dificuldade de ler uma transcrição: já que o que vai se perdendo no transcorrer do sonho é a voz, o ritmo, a entonação. Transcrição é escrita que exclui a semântica, o significado, a presença da fala viva. O fragmento ressuscita e perde a voz de Derrida em um só lance.[82]

No entanto, resta aquilo que ele escreveu sobre a sonhadora: "audível, mas ilegível." "Trata-se de falar ao ouvido, só no ouvido, lá onde não sabemos ler."[83] Sem saber ler, podemos *soletrar os elementos do sonho*. E, como em sonho, podemos condensar o segredo, a citação, a secreção e, embrionariamente, a *secriação*, outra palavra-valise que nasce em *Le détrônement de la mort: journal du chapitre Los* [O destronamento da morte: diário do capítulo Los]. Se *Hyperrêve* girava em torno dos espectros de Jacques Derrida e de Walter Benjamin, *O destronamento da morte* vai tratar do espectro do escritor e diplomata Carlos Fuentes. Em cujo nome a lâmina/*hache* já terá feito corte: *Los*: um pedaço de nome próprio que escreve sua perda em inglês, língua em que Hélène e Carlos se amaram. *Secrecitar* e *secriar* são operações de escrita para receber a morte do pai, a de Benjamin, a de Derrida, a de Carlos, a de Ève. Receber a morte para viver outra vida: receber a maçã de Clarice e recriá-la em *Orange*. Terra natal, onde foram ditos os primeiros nomes.

Escutemos mais demoradamente alguns fragmentos de "Vivre l'orange", na mais recente tradução brasileira, de Márcia Bechara:

> O primeiro raio de uma voz que vem ao encontro do coração recém-nascido. Há mulheres que falam para cuidar e salvar, não para capturar, [...] são vozes para ficar perto das coisas, como sua sombra luminosa, para refletir e proteger algo tão delicado como os recém-nascidos. [...] Se elas escrevem, é para

---

81 J. Derrida, *A farmácia de Platão*, 1997.

82 Remeto-me especialmente ao capítulo "O pai do Lógos", ibid., p. 21-30.

83 J. Derrida, *H.C. pour la vie, c'est à dire*, 2000, p. 23.

cercar o nascimento da vida com os cuidados mais delicados. [...] A voz de uma mulher veio até mim de muito longe, como uma voz da cidade natal [...]. E foi como uma infância que voltava para pegar correndo a laranja viva e imediatamente celebrá-la. [...] Três relances em torno de uma laranja, daqui a até o Brasil, passando pelas fontes na Largélia. A laranja é um começo. [...] por qual escada ela descia até o fundo da língua. [...] Na tradução de maçã em laranja (em laranja), eu tento me denunciar. Um jeito de assumir minha parte. [...] a maçã amarga de ser-doce nas línguas, apple, apfel, appel. Clarice chama. Ela nos evoca.[84]

Clarice chama, Hélène atende e chama a *maçã* de *laranja*. De *pomme* a *Orange* – o que se passa nesse fio de seda? A laranja é uma tradução de maçã ou é o seu duplo? Em *H.C.'est pour la vie, c'est à dire*, diante da experiência de intraduzibilidade da escrita de Cixous, Derrida dirá que prefere duplicar seguindo a lei do duplo que "substitui o único pelo único."[85] Assim como, para cada um, cada sonho é único e não foi escrito pelo eu. Lá onde o Eu não sabe ler, o sonho advém, *passa seu bisturi entre as letras*,[86] desloca. Da maçã à laranja, Cixous rasura o fruto proibido, apaga a cena da perda do paraíso em que Ève é a protagonista, desloca um mito fundador bíblico para o nascimento, para o recém-nascido na borda da língua desconhecida, para a infância, para a cidade natal Oran. Desloca a sonoridade de *pommes*, em que com *hache* se faria *homme*, para *Orange* e, a toda velocidade, evoca e corta o nome do pai – Georges – para deixar ressoar *Or*.

Recordemos o livro com que abri esses ensaios: *Or – lettres de mon père*[87] e deixemos ressoar outros cortes: *Je, Je't, Jet, Ange*, para

---

84 H. Cixous, *A hora de Clarice Lispector*, 2022, p. 7-44.

85 J. Derrida, op. cit., p. 63.

86 H. Cixous, *Rêve je te dis*, 2003a.

87 H. Cixous, *Or: les lettres de mon père*, 1997.

escrever corto, crio asas, lanço. *Fooort-Daaa*! E, outra reviravolta, o mesmo fio que traz para perto a laranja, a afasta e traz de volta a maçã. Cito: "Eu devo a uma mulher uma maçã viva. Uma alegria de maçã. Devo a uma mulher uma obra-maçã. Eu devo: um nascimento à natureza de uma mulher: um livro de maçãs. Para as mulheres."[88] É notável que a maçã retorne justamente em um fragmento em que vigora um forte jogo entre *pomme* e *femme*. É notável que Cixous também escreva que o lugar de Clarice supõe as mulheres vivas, "antes de qualquer tradução." E, um parágrafo depois, escreve que, no tempo em que os ouvidos estão mortos, "precisamos de tradução".

Hélène recebe Clarice traduzindo maçã em laranja. Recebo Hélène como em um sonho em Salvador,[89] chamo por Ève, escuto Sonia. Se há mais de uma língua: o alemão, da mãe e do tio Freud, o inglês, de Shakespeare e de Joyce, o francês, de Derrida e da escrita. Há, enfim, o português do Brasil, de Lispector. Em contradança com Davi Pimentel, que tem proposto não traduzir *Ève*, *rêve*, *événement*, meu sonho desloca Ève para o Brasil e a chama Sonia, a que sonha e soa um som perdido em francês: *rêve, Ève, pomme, femme*. Sonha, Sonia, à sombra da laranja. Cixous escreve que cada frase carrega seus duplos, suas sombras, seus fantasmas. Seguindo essa lei, abrindo asas de anja, soprando-lhe novo ar, Sofia e seu duplo Sonia evocariam, de volta ao francês, a *sage-femme*, a parteira sábia, aquela cujas mãos trouxe à vida aqueles que ain-

---

88   H. Cixous, *A hora de Clarice Lispector*, 2022. Fragmentos recolhidos por mim entre as páginas 43 e 65.

89   Refiro-me ao sonho que tive durante minha participação no simpósio "Ler o Poema em Tradução: da Redução Instrumental à Singularidade do Poema Traduzido como Dispositivo Crítico e Forma de Vida", organizado por Marcos Siscar, Maurício Cardozo e Pablo Simpson, no âmbito do XVIII Congresso Internacional da Associação Brasileira de Literatura Comparada (Abralic). Minha participação no simpósio prolongou-se em uma aula no curso de Anna Kiffer, na Pontifícia Universidade Católica do Rio de Janeiro (PUC-Rio), e na conferência que proferi na Universidade Federal do Paraná (UFPR), no encontro Tradução com Poesia, organizado por Maurício Cardozo. Aos meus quatro colegas, agradeço imensamente a interlocução preciosa.

da não têm nome, nem documento, nem nacionalidade, ainda não sujeitos à colônia, à segregação, à prisão. Recém-nascidos de um sonho grávido, como veremos mais adiante em um sonho do livro *Ève s'évade – la ruine et la vie*.[90]

No belo ensaio "L'amitié, la trahison, la traduction",[91] Marta Segarra cria um paralelismo entre a tradução e *L'amour du loup et autres remords*.[92] Nele, Cixous, leitora de Tsvetaeva, explicitamente, e de Lispector, secrecitada, pensa o amor como essa parada no limite da devoração, quando o lobo pode devorar o cordeiro, mas não o faz. *O cordeiro fica intacto da mordida, mas porta o dom.* Ao "viver a laranja", e não a maçã, Cixous guarda a origem no som. *L'orange* é a maçã que se guarda da mordida. Ao chamar Sonia, e não Ève, se guardaria a irredutibilidade do sonho.

Outra cena, outra Sonia, a tradutora do russo, me diz: "Sonia é o diminutivo russo do nome Sofia (seria o correspondente a Sofiazinha, em português). Na Rússia, as pessoas são mais protocolares e me chamam de Sofia (e eu respondo a esse nome, claro, já é parte de mim)."[93] Sonia, a outra, a personagem de Dostoiévski,[94] desloca Raskolnikóv de seu crime e de seu castigo, devolve-lhe a vida. Sofia, a desastrada, traduzida por Clarice no conto, "Os desastres de Sofia", que abre *A legião estrangeira*, quando menina, ao escrever uma composição como tarefa em sala de aula, desobedece a moral da história do professor e cria outras palavras para a Chapeuzinho Vermelho, afinal: "Para que te serve essa cruel boca de fome?

---

90   H. Cixous, *Ève s'évade: la ruine et la vie*, 2009a.

91   In M. Segarra, *L'événement comme écriture: Cixous et Derrida se lisant*. 2007, p. 181-194.

92   H. Cixous, *Amour du loup et autre remords*, 2003a.

93   Permito-me citar essa correspondência pessoal com Sonia Branco, professora de russo da Universidade Federal do Rio de Janeiro (UFRJ), quando a consultei sobre as relações entre os nomes.

94   Fiódor Dostoiévski, *Crime e castigo*, 2016.

[...] eu sou o lobo inevitável pois a vida me foi dada."[95] Leio o conto mais demoradamente.[96]

Em "Os desastres de Sofia", uma narradora adulta conta uma história de sua infância. As primeiras cenas são na sala de aula e dizem desse amor ao professor que, por ser impossível de ser demonstrado como tal aos nove anos, é traduzido em provocação e desobediência. Aos treze anos, sem ser reconhecida como uma mocinha na sacada, a notícia da morte do professor é gritada pelo menino que passa. O chão falta e a perda é transposta para a imagem de uma boneca partida. De que adianta ser uma moça tão bonitinha se o professor não poderia mais vê-la? (De Proust a Cixous, perder: é fazer apelo ao outro e não ser respondido.) Contudo, a morte do professor traz de volta a memória de uma leitura, de outra vida que passará mais uma vez à sobrevida na escrita.

A recordação a ser lida depois da vida do professor é a de uma aula de redação. A história contada pelo professor é a seguinte: um homem muito pobre sonhara que descobrira um tesouro e ficara muito rico. Depois do sonho, andara o mundo procurando, voltara para sua casinha e sem ter o que comer começa a plantar no seu próprio quintal. Tanto plantara, tanto colhera, que acabara ficando rico. A tarefa é que os alunos contem a história com suas próprias palavras. A menina, então, em sua composição, conclui pela moral oposta: o trabalho árduo não é o único meio de se chegar aos tesouros, há tesouros que esperam para serem apenas descobertos, em sujos quintais. É o ideal do trabalho árduo que engrandece (e liberta) que cai na poeira dos sujos quintais.

Subvertida a moral da história, só resta a menina a repreensão do professor. Contudo, lá onde ela calcula uma repreensão, vem uma leitura amorosa. Lembremos que a menina faz a composição para

---

95   C. Lispector, "Os desastres de Sofia", 1992.

96   Agradeço à Renata Estrella e a Marlon Barbosa, que discutiram alguns pontos desse amor de lobo comigo, com eles, escrevi linhas embrionárias deste capítulo e, também, a todos os meus alunos e minhas alunas de Teoria Literária I que, a cada semestre, renovam a leitura de "Os desastres de Sofia", linha a linha.

provocar o professor, rompendo com o campo de sentidos oferecido por ele: trabalho árduo e produção de riqueza. Assim, a menina é autora da composição que subverte o conto dele, mas não do efeito que essa composição tem sobre ele. De "inesperado em inesperado", de metamorfose em metamorfose, a menina perde seus contornos e se confunde com o homem e, também, com a mãe do homem.

Passo a situar esse *avesso da genealogia* a partir do conto de fadas. O conto "Os desastres de Sofia" faz coexistir pelo menos três versões de *A Chapeuzinho Vermelho*. Da versão de Charles Perrault, inventor do gênero, em francês, ela subverte a morte e carrega o diálogo. Da versão dos irmãos Grimm, faz coexistir na barriga do lobo, a avó e a neta, fazendo renascer como irmã gêmeas avó e neta. (Talvez não seja desnecessário lembrar que Cixous escreve a Cécile Wajsbort que suas recordações de infância são em alemão delineadas por suas fadas: a avó, a mãe, a tia.) Da versão recolhida por Ítalo Calvino em *Fábulas italianas*,[97] não há lobo, mas a Ogra que é enganada pelos ardis da menina que se vale da palavra como um verdadeiro *Schibbolet* para atravessar o rio e seus perigos e, enfim, sobreviver. Em mais de uma língua, a da infância e a do só-depois da escrita, a dos contos de fadas e a do conto de Sofia, Clarice borra e redesenha um verdadeiro circuito de boca em boca, da boca para a barriga, do comer para o amar, da mão que prende para a mão que estende:

> Para que te servem essas unhas tão longas? Para te arranhar de morte e para arrancar os teus espinhos mortais, responde o lobo do homem. Para que te serve essa cruel boca de fome? Para te morder e soprar a fim de que não te doa mais, meu amor, já que tenho que te doer, eu sou o lobo inevitável pois a vida me foi dada. Para que te servem essas mãos que ardem e prendem? Para ficarmos de mãos dadas, pois preciso tanto, tanto, tanto – uivaram os lobos, e olharam intimidados as

---

97   I. Calvino, *Fábulas italianas*, 2006.

próprias garras antes de se aconchegarem um no outro para amar e dormir.[98]

Não devorar a maçã, amá-la como laranja, tal gesto tradutório me parece aprendido em um instante de Clarice aquele "de mel e flores [em que] descobria de que modo curava: quem me amasse, assim eu teria curado quem sofresse de mim. Eu era a escura ignorância com suas fomes e risos, com as pequenas mortes alimentando minha vida inevitável."[99] A vida inevitável é também aquela que se provou com o corpo, com a língua na língua em outra língua. O corpo tem duas palavras a dizer, como o sonho, ele está grávido de oxímoros como aqueles espalhados no conto "Os desastres de Sofia": "ferida triunfante"; "glória de martírio"; terrível vadiação bem-sucedida; "grandes recompensas gratuitas", "eu daria tudo o que era meu por nada", "saía livre e pobre, e com um tesouro na mão". E o tesourou ora é maçã, ora é Orange. Além da fome que devora, a sobrevida na literatura terá escrito esse modo instável de pegar no escuro uma maçã – sem que ela caia. Pegá-la, não mordê-la, recebê-la em sua absoluta estrangeiridade, em outra língua, em *orange*. Uma mão se estende à outra.

Em *Jours de l'an*, Clarice tem como companhia, entre outras vozes literárias, Paul Celan. No livro, Cixous inscreve o seu 12 de fevereiro de 1948, data da morte do pai, para rasurar aquele 20 de janeiro, inscrevendo e apagando a solução final em 1942. Rasura, modo de sobrevida. Com Celan, gostaria de chamar outras mãos para dar a ler o traço de união, a desconstrução ou a tradução como amor de lobo que gera o mais de um, de mão em mão. Para isso, adianto algumas questões que virão mais adiante quando eu for pensar "A criança no campo de batalha".

Em outubro de 2020, iniciou-se a publicação dos seminários de Hélène Cixous, *Lettres de fuite*[100] [Cartas de fuga],

---

98   C. Lispector, "Os desastres de Sofia", 1992, p. 24.

99   Ibid, p. 23.

100   H. Cixous, *Lettres de fuites*, 2020b.

editado por Marta Segarra, abrangendo o período de 2001 a 2004. Na primeira lição do seminário, Cixous retorna a "A causa" ["Die Ursache"], de Thomas Bernhard. Em meio aos escombros de sua cidade natal bombardeada pelos americanos, o narrador-personagem encontra uma mão decepada, primeiro ele pensa que é a mão de uma boneca e, em seguida, recebe o choque ao se dar conta de que é a mão de uma criança. Tal cena retorna muitas vezes na obra de Cixous como uma cena inaugural da escrita: só se escreve com a mão de criança decepada, e ela chegará a afirmar também que é uma criança da guerra – como judia perseguida pelos nazistas, como argelina colonizada pelos franceses.

Como vimos, na obra de Cixous as pequenas tragédias são reminiscências das grandes tragédias – as da História e as da Literatura. É com essa mão de criança, encontrada entre as ruínas, que se começa a escrever essa lição de 10 de novembro, "On écrit toujors avec une main coupé" [Escrevemos sempre com uma mão cortada]. No entanto, esta mão que escreve já está em tradução, isto é, estendida. Deixemos a carta de Paul Celan a Hans Bender chegar uma segunda vez: "Ofício é coisa das mãos. Só mãos verdadeiras escrevem poemas verdadeiros. Não vejo diferença de princípio entre um aperto de mão e um poema."[101] No entanto, as mãos ainda não se apertaram, preciso seguir e citar Maurício Cardozo em outra cena: "Michelangelo opta por traduzir o sopro da narrativa bíblica pelo toque. [...] chama a atenção, no entanto o fato de as mãos de Deus e de Adão não chegarem a se tocar totalmente, mantendo um espaçamento mínimo entre elas. É como se o espaçamento prefigurasse a famosa provocação lacaniana de que não há relação."[102]

---

101 P. Celan, *Arte poética: O Meridiano e outros textos*, 1996, p. 66.

102 M. M. Cardozo, "Haroldo de Campos: recriação, transcriação e a tradução como forma de vida", in M. Siscar, M. J. Moraes e M. M. Cardozo, *Vida poesia tradução*. 2021, p. 94-95.

Permito-me uma cena *autobiográfica*, era 11 de novembro de 2023, no táxi, uma amiga e eu voltamos atônitas da longa sessão do filme *O último dia de Ytzahk Rabin*, filme de Amos Gitai, mencionado mais de uma vez em Mdeilmm – *parole de taupe*.[103] No filme, a vertigem da condensação: o assassinato de Rabin em 4 de novembro de 1995 parece, ironicamente, antecipar os ataques terroristas de 7 de outubro de 2023. Penso isso e num instante, sem mel e sem flores, sou atingida por uma outra forma do traço de união para o que está separado. Numa noite de sábado, vejo flutuar pelo Rio a cena para sempre perdida: aquela em que Rabin e Arafat são fotografados em um aperto de mão. Poema já escrito, poema jamais escrito.

Mais uma vez, o dois, unidos porque disjuntos. Para não ser infiel a dois Jacques, para permitir a vida sempre, segundo Derrida, encerro com um milagre, segundo Lacan, em seu seminário sobre a transferência, logo sobre um outro amor:

> [...] as coisas da criança, pode-se traduzir. O que inicia o movimento de que se trata no acesso ao outro que nos é dado pelo amor é este desejo pelo objeto amado que eu compararia, se quisesse imajá-lo, à mão que se adiante para pegar o fruto quando maduro, para atrair a rosa que se abriu, para atiçar a chama na lenha que de súbito se inflamou. [...]. Esta mão que se estende para o fruto, para a rosa, para a acha que se inflama de repente, seu gesto de pegar, de atrair, de atiçar é estreitamente solidário à maturação do fruto, à beleza da flor, ao flamejar da acha. Mas quando, nesse movimento de pegar, de atrair, de atiçar, a mão foi longe o bastante em direção ao objeto, se do fruto, da flor, da acha sai uma mão que se estende ao encontro da mão que é de vocês, e neste momento é a sua mão que se detém fixa na plenitude fechada do fruto, aberta da flor, na explosão de uma mão em chamas – então, o que aí

---

103   H. Cixous, *Mdeilmm – parole de taupe*, 2022.

se produz é o amor. [...] Todo mito se relaciona ao inexplicável do real. [...] A estrutura que se trata não é de simetria e de retorno. A mão que surge do outro lado é o milagre. [104]

Para que te servem essas mãos tão longas?, pergunta o conto clariceano. Para te traduzir, meu amor – urra uma voz de Oran estendendo à mão a uma palavra chegada da Ucrânia. No poema ainda não escrito, a mão de Ève quase toca a de Sonia. A vida talvez floresça desse traço de união, à prova em mais de uma língua. À sombra de Sofia, Sonia assombra Ève. Em *L'amour du loup*, Cixous intitula um de seus capítulos – "Conversa com o asno: Escrever cega". Neste ponto, a cena (do sacrifício) desloca-se de Abraão e Isaac para uma conversa entre Abraão e o asno. Já perdida a ressonância entre *l'âne* (asno), *âme* (alma), *aime* (ama), recolho a diferença entre a Bíblia e a escrita de Cixous. Lá, na escrita sagrada, não se ri, aqui, na escrita secreta, o andar é difícil: ato falho, lapso, disjunção, inadequação, a história dela é ridícula como a nossa. Levantado o véu da censura, deixo o sonho sorrir em Sonia. Nesse sonho-Salvador, Sonia terá sido como o livro que nasce das ruínas de *Manhattan – lettres de la préhistoire*, uma obra sonhada a passo de lobos e a passo de loucos. Como em sono ou sonambulando no sonho infinito de seu inconsciente, para não esquecermos das palavras de Derrida em torno da ligação de Cixous com Freud, "um livro, se escreve rápido, em uma língua autofertilizante, densa, precisa, poliglota, polifônica."[105] Sonia, quem me sonha? Estou tentando soletrar o idioma Cixous.

---

104   J. Lacan, *O seminário, livro 8: A transferência*, 1992, p. 59.

105   "Un livre s'écrit vite, en une langue autofertilisante, dense, precise, polyglote et polyphone". H. Cixous, *Amour du loup et autre remords*, 2003a, p. 98.

COM BISTURI, COM MICROSCÓPIO, A MIOPIA COMO PROCEDIMENTO

"Aceitara a incerteza, e lidava com os componentes da incerteza com a concentração de quem examina através das lentes de um microscópio."
Clarice Lispector, *"Evolução de uma miopia"*

"Eu te chamo para o fino trabalho do sonho: passar o invisível bisturi a laser, primeiro entre as letras."[1]
Hélène Cixous, *Rêve je te dis*

Estou tentando mostrar como Hélène Cixous lendo Clarice Lispector refabricou um modo de ler pelo detalhe. Sua leitura das obras procede através de uma atenção microscópica ao detalhe e à porosidade. O método é apreendido por meio do detalhe que transita entre uma obra e outra, em passagem e metamorfose; perseguindo essa difícil apreensão do detalhe em movimento, permito-me tanto lembrar que o narrador de *Em busca do tempo perdido*, em suas primeiras páginas, diz que o "edifício imenso da recordação", sobre ruínas, é suportado por uma "gotícula impalpável",[2] quanto citar um fragmento de uma crônica de Clarice Lispector:

---

1   *"Je suis en train de te rappeler au fin travail du rêve: il fait passer le bistouri laser invisible d'abord entre les lettres."* H. Cixous, *Rêve je te dis*, 2003b.

2   Lê-se nas primeiras páginas de *No caminho de Swann*: "[...] o odor e o sabor permanecem ainda por muito tempo, como almas, lembrando, aguardando, esperando, sobre as ruínas de tudo o mais, e suportando sem ceder, em sua gotícula impalpável, o edifício imenso da recordação". M. Proust, *No caminho de Swann*, 2006.

E de repente aquela dor intolerável no olho esquerdo, este lacrimejando, e o mundo se tornando turvo. E torto, o outro automaticamente se entrefecha. Quantas vezes no decorrer de menos de um ano um objeto estranho agrediu meu olho esquerdo: duas vezes ciscos não identificados, uma vez um grão de areia, outra um cílio. Das quatro vezes tive que procurar um oftalmologista de plantão. Da última vez perguntei àquele que realiza sua vocação através de cuidar por assim dizer da nossa visão do mundo, por que sempre o olho esquerdo? É simples coincidência?
Ele respondeu que não. Que por mais normal que seja uma vista, um dos olhos vê mais que o outro e por isso é mais sensível, prende o corpo estranho, não o expulsa.[3]

Hélène Cixous, em ensaio publicado na edição comemorativa dos quarenta anos de *A hora da estrela*,[4] com o título "Extrema fidelidade",[5] insiste na metáfora segundo a qual Macabéa seria um cisco que provocou um mar de lágrimas no narrador Rodrigo S.M. Não retornarei à obra de adeus de Clarice Lispector, mas escreverei sobre o meu encontro com "Savoir", de Hélène Cixous, e sobre a releitura de "Evolução de uma miopia" que ele provocou. Antes de mais nada, é preciso dizer que "Evolução de uma miopia" é o nono conto de *A legião estrangeira*, que reúne contos muito célebres de Lispector: o livro começa com "Os desastres de Sofia", revisitado no capítulo anterior, termina com "A Legião Estrangeira" e em seu quase meio está cravado "O ovo e a galinha". Não por acaso, são três narrativas em primeira pessoa, ao passo que a maioria das outras dez apresenta um narrador distante, não participante da cena narrativa. Não por acaso, essas três narrativas lançam fios que enlaçam

---

3 C. Lispector, *A descoberta do mundo*, 1999, p. 478.

4 C. Lispector, *A hora da estrela*, 1998.

5 Este ensaio foi extraído e traduzido a partir do livro *L'heure de Clarice Lispector* (1989). [Ed. bras.: *A hora de Clarice Lispector*, 2022.]

as outras: a infância e o nascimento do desejo, as cenas do olhar e a recusa à evidência como consenso, a morte. Em sua força inequívoca e em seu prestígio crítico, o modo como esses contos célebres se destacam acaba deixando as outras dez narrativas à sombra, tal qual pontos cegos no esplendor dos contos consagrados.

Dito esse efeito de apagamento causado pela celebridade de três contos, proponho-me a lançar alguma luz à "Evolução de uma miopia", que começa assim:

> Se era inteligente, não sabia. Ser ou não inteligente dependia da instabilidade dos outros. Às vezes o que ele dizia despertava de repente nos adultos um olhar satisfeito e astuto. [...] Que a sua própria chave não estava com ele [...] É que a chave não estava com ninguém, isso ele foi aos poucos adivinhando sem nenhuma desilusão, sua tranquila miopia exigindo lentes cada vez mais fortes.[6]

Essas primeiras linhas condensam muitas questões que atravessam o conto, o próprio livro e atravessará, como veremos adiante, "Savoir": o saber, o ver, a miopia, a cegueira, a instabilidade na relação com o Outro e com o mundo. Essas questões entram em ressonância com aquelas que abrem o livro, no primeiro conto, "Os desastres de Sofia", destacadas anteriormente quando tentamos mostrar como este conto é *secrecitado* em *L'amour du loup*.

Já no último conto, "A legião estrangeira",[7] uma menina chamada Ofélia é arrebatada por um pintinho comprado na feira por sua vizinha, a narradora. Às escondidas do olhar da narradora, Ofélia deseja e mata o pintinho. Antes do encontro com o pintinho, era uma menina que vivia como adulta, vigilante de lugares comuns

---

6 C. Lispector, "A evolução de uma miopia" in C. Lispector, *A legião estrangeira*, 1992, p. 92.

7 C. Lispector, "A legião estrangeira" in C. Lispector, *A legião estrangeira*, 1992.

que se tornam verdadeiros imperativos sob o olhar da narradora. Depois do pintinho, Ofélia perde sua armadura de sentidos prontos e se torna uma criança que escapa às adequações da vida adulta, com isso entra em conformidade com o que tem: a própria infância. Em "Extrema fidelidade", Hélène Cixous pinça este estar em conformidade com o que se tem e insiste nele: "Há toda uma série de textos que trabalham sobre a questão do ter, de saber ter o que se tem. Esta é uma das coisas mais difíceis do mundo, porque, pobres humanos que somos, nem bem temos, já não temos".[8]

Se em "Os desastres de Sofia" e em "A legião estrangeira" as narradoras estão diretamente implicadas na narrativa e na narração, no enunciado e na enunciação, vendo ao mesmo tempo de muito perto e de longe, em "Evolução de uma miopia" o narrador está à distância, é responsável pela narração, mas está fora da narrativa, não participa da cena. Tentarei pensar as implicações desses modos de formalização do ponto de vista e da cegueira. Se em "A legião estrangeira", a narradora testemunha aturdida o nascimento de Ofélia para um complexo desejo infantil que mistura desejo e destruição, o narrador de "Evolução de uma miopia" parece já ter elaborado o crescimento do menino, crescimento que implica um saber-fazer com aquilo que é passageiro e variável no tempo e no Outro. Um menino sem nome descobre um impossível do amor, quando se vê transportado do ver-se idealizadamente no olho do Outro para o ponto cego no Outro. Cito:

[...] no começo de sua miopia, ele se indagava por que uma vez conseguia mover a família, e outra vez não. Sua inteligência era julgada pela falta de disciplina alheia?

Mais tarde, quando substituiu a instabilidade dos outros pela própria, entrou num estado de instabilidade consciente. Quando homem, manteve o hábito de pestanejar de repente

---

8   H. Cixous, "Extrema fidelidade", in C. Lispector, *A hora da estrela*, 2017, p. 146. Grifo de H.C.

ao próprio pensamento, ao mesmo tempo que franzia o nariz, o que deslocava os óculos – exprimindo com esse cacoete uma tentativa de substituir o julgamento alheio pelo próprio, numa tentativa de aprofundar a própria perplexidade, sem que ela se transformasse em outro sentimento. [Que] a sua própria chave não estava com ele. [...] É que a chave não estava com ninguém.[9]

Nota-se o movimento implacável da narração: após indicar uma tentativa de substituir o julgamento alheio pelo próprio, há um corte triplo através do ponto final, da abertura de novo parágrafo e do próprio pronome "que". Em três tempos, esse corte consuma certos deslocamentos: do alheio ao próprio e do próprio ao de ninguém. Isso posto, o leitor poderá retroagir ao começo do conto "Ser ou não inteligente dependia da instabilidade dos outros"[10] e pensar que essa primeira parte do conto é uma argumentação que sustenta essa afirmativa inicial; e, até este ponto, é como se estivéssemos diante de um ensaio filosófico. Nota-se também que, se na peça de Shakespeare aludida é o atormentado e hesitante Hamlet quem enuncia o seu ser ou não ser, no conto de Clarice, é o narrador que, a sangue frio, coloca em cena a questão do *ser* atada a uma certa distância própria à inteligência, na primeira linha do conto já se leu – "Ser ou não inteligente". Embora, claro, em outros momentos da peça shakespeariana não falte a Hamlet a ironia que não deixa de ser um modo de distância inteligente.

A argumentação calma e filosófica do próprio narrador, feita no parágrafo mais longo do conto, é interrompida pela notícia de que, dentro de uma semana, o menino passaria um dia inteiro na casa de uma prima. Neste ponto, o narrador passa a acompanhar as "tergiversações" do menino através das seguintes formulações: "começou por tentar decidir", "procurava decidir", "ou se faria algo

---

9 C. Lispector, "A evolução de uma miopia", 1992, p. 92.

10 Ibid., p. 91.

que julgasse", "Ter a possibilidade de escolher o que seria", "o círculo de possibilidades foi se alargando." Nessas expressões vigora, conforme aos ardis da razão, todo um esforço de conceber-se em conciliação com o olhar do Outro, em satisfazê-lo. Em seguida, o menino abandona todas essas cogitações para imaginar o que faria na casa da prima: "E finalmente entrou no campo da prima propriamente dita. De que modo deveria encarar o amor que a prima tinha por ele?"[11] Há um corte e o começo de um novo parágrafo. "No entanto, negligenciara um detalhe: a prima tinha um dente de ouro, do lado esquerdo." Corte e novo parágrafo. "E foi isso – ao finalmente entrar na casa da prima – foi isso que num só instante desequilibrou toda sua construção antecipada." Ao contrário do que o menino imagina, o suposto amor da prima não aparece de forma evidente, como lemos nestas linhas: "Ela foi logo dizendo que ia arrumar a casa e que ele podia ir brincando. O que deu ao menino, assim de chofre, um dia inteiro vazio e cheio de sol."[12]

Um dente de ouro e uma ausência de atenção mudam o ritmo do conto acentuando a instabilidade: "um safanão de liberdade" por meio do qual "por um dia inteiro ele não seria nada." Neste ponto, o leitor poderia espantar-se e perguntar-se pela causa do desabamento: um dente de ouro ou uma ausência de olhar? Os dois causam o desabamento da certeza antecipada: um ver (um dente) e um não ser visto (pela prima); os dois detalhes são "invisos"[13] e inesperados.

E o leitor não demora a deparar-se com um terceiro movimento desestabilizador: a apresentação da "pressão de delicada do amor da prima", que avança como a tarde. Se alguns parágrafos antes o narrador localizava a entrada do menino no terreno propriamente da prima, é somente nesses parágrafos finais que se dá a

---

11   Ibid., p. 95.

12   Ibid., p. 96.

13   A própria Cixous, em "Savoir", explicita o caráter de invenção desta palavra: "Qual é o equivalente de inaudito? Inviso "[Invu]"? Não tinha ainda havido inviso. Era uma invenção. E acabava de começar." ("Saber ver" in *Véus... à vela*, 2001, p. 14).

ver o cerne do dilema do ser ou não ser atado ao dilema do ver ou não ver. No primeiro parágrafo, o dilema aparece em torno do ser ou não inteligente, nos parágrafos finais aparece em torno de ser ou não amado: "era um amor pedindo realização, pois faltava à prima a gravidez, que já é em si um amor materno realizado. Mas era um amor sem a prévia gravidez. Era um amor pedindo, *a posteriori*, a concepção. Enfim, o amor impossível."[14]

Se falta à prima a concepção, é isso que, de certo modo, também falta ao conto. Numa volta sobre ele mesmo, pode-se dizer que nada é concebido propriamente dito: as ideias e os ideais estão todos em estado de desaparecimento não de forma abstrata ou reflexiva, mas de forma bem concreta eles são escritos provisoriamente. O leitor pode construir a hipótese de que a própria leitura é uma travessia da concepção que passa não somente pelo conceitual, mas também pelo ideal, até chegar a uma ação que pode ser constituída também como crítica ao ideal. Tal travessia inclui, e não expulsa, o ponto cego do menino que converge com o ponto cego da prima, e ambos convergem com a narrativa como ponto cego porque pôs a perder o já concebido, o já visto. No fim, lê-se:

> O relance mais profundo e simples que teve da espécie de universo em que vivia e onde viveria. Não um relance de pensamento. Foi apenas como se ele tivesse tirado os óculos, e a miopia mesmo que o fizesse enxergar. Talvez tenha sido a partir de então que pegou um hábito para o resto da vida: cada vez que a confusão aumentava e ele enxergava pouco, tirava os óculos sob o pretexto de limpá-lo e, sem óculos, fitava o interlocutor com uma fixidez reverberada de cego.[15]

No fim, a própria construção desaba, não é um relance de pensamento, é um relance no corpo que faz com que a narração

14 Ibid., p. 96.

15 Ibid., p. 97.

se debruce sobre o universo de uma pequena ação: a de tirar os óculos para não enxergar de longe. E é o próprio narrador o ponto cego da narrativa, não estando nela, de longe, é ele que delineia as tergiversações do menino e também, o ponto em que todas elas sofrem a ação do bisturi: um dente, uma retirada do olhar, um amor impossível – o de ser filho para aquela que não o concebeu. Vou me deter nesses três pontos cortantes.

O primeiro ponto cortante concretiza-se em um dente de ouro, um elemento, que é estranho à lógica causal ou àquilo que ainda se poderia chamar de enredo ou de trama. É um elemento material que interrompe uma construção e que, mesmo depois, não é assimilado por ela ou pelo próprio capricho da inteligência do menino. Trazido à situação narrativa, ele quebra qualquer consenso anterior ou posterior e, assim, "põe de luto o saber da noite passada."[16] Em outras palavras, a inteligência não é do menino, nem propriamente do narrador, mas da própria evolução da narração que, de corte em corte, faz evoluir a miopia, sobrepondo pontos cegos, examinando nuances fugidias e colocando concepções e visões do menino em xeque.

O segundo ponto cortante pode ser localizado como uma retirada do olhar como uma recusa ao ser. Recusando-se a ser o filho não concebido da prima, o menino mantém à distância o olhar que o objetifica como puro objeto de desejo do Outro, e mantém também o movimento difícil de proximidade e distância do olhar do Outro. Finalmente, o terceiro ponto cortante pode ser pensando como uma evolução que recusa um "amor pedindo realização", pedindo *a posteriori* a concepção, para o aprendizado da ação de tirar os óculos. Para contrastar, retomo mais uma vez a evolução das últimas linhas:

Nesse dia, pois, ele conheceu uma das raras formas de estabilidade: a estabilidade do desejo irrealizável. A

---

16 No encarte do original, lê-se: "[...] *et met en deuil le savoir de la nuit passé*." H. Cixous, "Savoir", 1998.

estabilidade do ideal inatingível. Pela primeira vez, ele, que era um ser votado à moderação pela primeira vez sentiu-se atraído pelo imoderado: atração pelo extremo impossível. E pela primeira vez teve então amor pela paixão. E foi como se a miopia parasse e ele visse claramente o mundo. O relance mais profundo que teve da espécie de universo que em que vivia e onde viveria. Não um relance de pensamento. Foi apenas como se ele tivesse tirado os óculos, e a miopia mesmo é que o fizesse enxergar. Talvez tenha sido a partir de então que pegou um hábito para o resto da vida: cada vez que a confusão aumentava e ele enxergava pouco, tirava os olhos sob o pretexto de limpá-los e, sem óculos, fitava o interlocutor com uma fixidez reverberada de cego.[17]

Muito se poderia especular em torno das concepções em torno do amor e da paixão, em torno do ideal e do impossível, mas gostaria de chamar a atenção para a frase "Não um relance de pensamento", pois é ela que me permite pensar que, sim, há uma vigência de certa mensagem no conto em torno do ser ou não-ser inteligente, o que o narrador chama de tergiversação, que é também arrumar desculpa, mas, sobretudo, há relances na narração que interrompem o pensamento, a concepção. Assim, evoluir pode ser justamente o movimento de passagem da ideia que tergiversa para a ação que, no *só-depois* da releitura, sustenta o título e a própria composição, inscrevendo-se nela como ação da personagem e do narrador, ação que, como "um invisível bisturi a laser entre as letras" não deixa nenhuma soberania ao consenso, e nem à visão que abstrai o mendigo na porta do cinema transformando-o e fixando-o em ideia.

Remeto-me àquilo que, em *A legião estrangeira*, está no meio da composição a se desnudar das concepções, isto é, o ovo: "Então – livre, delicado, sem mensagem alguma para mim – talvez uma vez ainda ele se locomova do espaço até esta janela que desde sempre

---

17   C. Lispector, "A evolução de uma miopia", 1992, p. 96-97.

deixei aberta. E de madrugada baixe no nosso edifício. Sereno até a cozinha. Iluminando-a de minha palidez."[18] Afinal, talvez seja no momento em que se reconhece que Clarice não deixou nenhuma mensagem já pronta para nós é que possamos recomeçar a reler sua obra, empalidecendo o *eu* que vê para fazer justiça ao objeto ainda não visto, isto é, deixando em segundo plano as mensagens moderadas do enunciado para deixar vir à tona os procedimentos extremos da enunciação.

Foi Jacques Derrida, aquele que colocou seu corpo e o drama da escrita da cena enunciativa na cena filosófica, quem disse que um texto pode herdar a lei de outro texto sem sequer referir-se a ele explicitamente, é esta a relação que tentarei apreender entre a miopia do conto clariceano e a miopia do ensaio poético cixousiano. Para Hélène Cixous, a escrita vem de longe – do mais estrangeiro dos estrangeiros –, e vai justamente para onde o *Eu* não quer ir. Em *Voiles/ Véus... à vela*, obra que contém dois escritos autobiográficos, um de Hélène Cixous e outro de Jacques Derrida, o leitor clariceano talvez possa ler a contraluz e no detalhe o conto "Evolução de uma miopia". Saber, ver, miopia, amor, são palavras que são transportadas do conto de Lispector para o escrito de Cixous para fazer a travessia do invisível através do escrito.[19] De um menino a uma mulher, de uma miopia a ser conquistada a outra a ser perdida, de um corpo ao outro, é a partir da diferença sexual que se escreve "Savoir", sob um véu um corpo feminino – "esta mulher", a que confessa os efeitos de uma cirurgia de miopia – a passagem do não ver e não ser vista para ver de um golpe, sem as lentes de contato, ver a olho nu:

La myopie était sa faute, sa laisse, son voile natal imperceptible. Chose étrange, ele voyait qu'elle ne voyait pas, mais elle ne voyait

---

18 Ibid., p. 66.

19 Remeto o leitor ao belo ensaio de Mireille Calle-Gruber "Saber ver ou da relação de incerteza" in M. Calle-Gruber e M. Louise Mallet, *Travessias da escrita: leituras de Hélène Cixous e Jacques Derrida*, 2003.

pas bien. Chaque jour il y avait refus, mais qui pouvait dire d'où partait le refus: qui se refusait, était-ce le monde ou ele? Elle était de cette race obscure subreptice qui va désemparée devant le grand tableau du monde, tout ela journée em posture d'aveu: je ne vois pas le nom de la rue, je ne vois pas le visage, je ne vois pas la porte, je ne vois pas venir et c'est moi que ne vois pas ce que je devrais voir. Elle avait des yeux et elle était aveugle.[20]

A miopia era sua falta, a sua trela, o seu imperceptível véu natal. Coisa estranha, ela via que não via, mas não via bem. Em cada dia havia recusa, mas quem poderia dizer de onde vinha a recusa: e quem se recusava, o mundo ou ela? Ela era desta raça obscura subreptícia que caminha desamparada diante do grande quadro do mundo, todo o dia em pose de confissão: não vejo o nome da rua, não vejo o rosto, não vejo a porta, não vejo vir e sou eu que não vejo o que deveria ver. Tinhas olhos e era cega. [...] Como sabe o povo dos míopes, a miopia tem o seu assento vacilante no juízo. Faz reinar uma eterna incerteza que nenhuma prótese dissipa.[21]

O menino do conto de Clarice Lispector faz um caminho de conquista de sua miopia, isto é, aprende a operar, com o gesto de cegar-se, uma desconstrução de juízos prontos, facilmente reproduzidos, do mundo e passar ao benefício da incerteza. Aquela que escreve no fragmento acima diz de sua pertença prévia ao povo dos míopes, talvez aludindo à sua filiação clariceana. Logo, o ponto-de-chegada do menino sem nome torna-se o ponto-de-partida da mulher sem nome, mas lá e cá, a miopia é um véu que vela a visão total (como no parágrafo final do conto) e, no poema em prosa de Cixous, de "falta", a miopia passará a ser objeto de um

---

20   H. Cixous, "Savoir", 1998, p. 11.

21   H. Cixous, "Saber ver" in *Véus... à vela*, 2001, p. 14, p. 9.

trabalho de luto, isto é, reconhecer a perda de sua miopia e ressuscitá-la na escrita. Trabalho que se faz com outras literaturas. Para fazer seu luto, uma judia franco-argelina, cuja língua materna é o alemão, encontra a voz estranha e familiar de um judia nordestina expulsa da Ucrânia ainda bebê. Um encontro que Cixous escreverá nos poros da pele de seu texto.

À maneira de "Os desastres de Sofia", a miopia em Cixous subverte a relação entre a falta e o tesouro. É como se aquela que foi objeto da cirurgia precisasse fazer o luto não só de um traço de identificação, mas da mascarada, da verdade e do próprio destino:

> [...] a ciência acabava de vencer o invencível. Tudo se consumou em dez minutos. Fim do infinito. Uma possibilidade ainda impossível há três anos atrás. [...] Nunca lhe tinha passado pela cabeça que um dia poderia vir a mudar o destino. O sangue, uma vez derramado na poeira, não volta mais às veias. Nunca ninguém teria contradito Ésquilo. Eis que o sangue voltou. Ela renasceu. [...] Antes ela não era uma mulher, era em primeiro lugar uma míope quer dizer uma mascarada. [...] A miopia era a sua verdade.[22]

As frases são notáveis naquilo que elas condensam: as questões entre finitude e infinitude, entre possibilidade e impossibilidade, entre mascarada e verdade. No entanto, essas questões filosóficas e psicanalíticas aparecem através da experiência concreta de uma mulher, uma experiência sofrida no próprio corpo e que transforma a relação do sujeito com o mundo, assim como o gesto final do menino de "Evolução de uma miopia", de retirar os óculos, transforma a relação dele com o olhar dos outros e consigo mesmo. Mas, não só a filosofia e a psicanálise aparecem metamorfoseadas pela cena da confissão poética, como também a

---

22 H. Cixous, "Saber ver", 2001, p. 12-14.

tragédia de Ésquilo, numa espécie de reversão, ela mesma trágica: aquilo que, nas *Eumênides*,[23] aparece como destino incontornável, em "Savoir" aparece tragicamente como reversibilidade do irreversível, o sangue derramado na poeira volta a correr nas veias. É um detalhe com o qual não se contava – trágico[24] – que desequilibra ou faz desmoronar a construção antecipada, como o dente de ouro da prima em "Evolução de uma miopia".

Passemos pelo detalhe em outro momento da obra de Cixous. Em *Manhattan: lettres de la préhistoire*, a narradora põe-se a fazer um pequeno inventário de detalhes da sua história e da própria literatura: o lenço de Otelo, um quadro no quarto de Gregor Samsa, de *A metamorfose*,[25] a lanterna mágica no quarto de Marcel em *No caminho de Swann*. Deixemos o modo de Cixous compor sua literatura insistir no fragmento que tanto me guia:

> *J'ouvre un livre, la lumière est, la langue commence aussitôt son récit, je me refabrique toujours moi-même avec ces molécules littéraires me disais-je autrefois comme aujourd'hui, Il est six heures du matin sept heures parfois, j'entends le souffle régulier et curieusement fort des livres sur mes étagères.*[26]

Abro um livro, a luz se faz, a língua logo começa sua narrativa, me refabrico sempre, eu mesma, com essas moléculas literárias, me digo outra vez como hoje, são seis horas da manhã sete horas talvez, escuto o sopro regular e curiosamente forte dos livros sobre minhas estantes.

---

23   Ésquilo, *Eumênides*, 2018.

24   Em muitos momentos de sua obra, Hélène Cixous indica não somente um pensamento sobre o trágico ligado ao detalhe, como o seu próprio fazer carrega dele vestígios. Lembro também que Cixous traduziu as *Eumênides* para encenação no Théâtre du Soleil.

25   F. Kafka, *A metamorfose*, 1997.

26   H. Cixous, *Manhattan: lettres de la préhistoire*, 2002, p. 77.

Em "Extrema fidelidade", a leitura crítica, não ficcional empreendida da obra de Clarice Lispector é também ditada pelo pequeno, pelo mínimo, pelo mais insignificante. Deste texto recolho algumas formulações: "No dia seguinte o autor será uma estrela entre estrelas, molécula entre todas as moléculas."; "Essa coisa ínfima, vista de perto, mostrava-se uma criatura humana, minúscula, que pesava trinta quilos."; "Conta minusculamente, fragmentariamente. Macabéa não é (senão) uma personagem de ficção. É um grão de poeira que entrou no olho do autor e provocou um mar de lágrimas."; "É de tal modo mínima, de tal modo ínfima, que está ao rés do ser, [...] ela é atenta e nos faz atentos às insignificâncias que são nossas riquezas essenciais."[27]

Gostaria que tais formulações sobre "Extrema fidelidade" fossem a ponte entre os traços que, em *O riso da medusa*,[28] Hélène Cixous alinha ao lado de uma escrita feminina, traços que não lhe dão substância, mas operam nessa escrita, e aquilo que Gilda de Mello e Souza formula em "O vertiginoso relance" a partir de sua leitura de *A maçã no escuro*, de Clarice Lispector. A meu ver, as linhas que citarei estão entre as mais elucidativas do fazer de Clarice e do fazer de Hélène, seja ele ficcional ou crítico (no caso de Cixous). Assim começa o ensaio de Gilda de Mello e Souza:

> Não será difícil apontar na literatura feminina a vocação da minúcia, o apego ao detalhe sensível na transcrição do real, características que, segundo Simone de Beauvoir, derivam da posição social da mulher. Ligada aos objetos e deles dependendo, presa ao tempo, em cujo ritmo se sabe fisiologicamente inscrita, a mulher desenvolve um temperamento concreto e terreno, movendo-se como coisa num universo de coisas, como fração de tempo num universo temporal. [...] Assim, o universo feminino é um universo de

---

27 H. Cixous, "Extrema fidelidade", 2017, p. 131-134.

28 H. Cixous, *O riso da Medusa*, 2022.

lembrança ou de espera, tudo vivendo não de um sentido imanente, mas de um valor atribuído. [...] a mulher procura sentido no espaço confinado em que a vida se encerra: o quarto com os objetos, o jardim com as flores, o passeio curto que se dá até o rio ou a cerca. A visão que constrói é por isso uma visão de míope, e o terreno que o olhar baixo abrange, as coisas muito próximas adquirem uma luminosa nitidez de contornos.[29]

Em outro tempo, seria preciso distinguir e contextualizar as diferentes leituras de Beauvoir e de Cixous em torno do feminino e do feminismo; neste momento, destaco apenas o traço compartilhado da miopia e daquilo que dela se desdobrou e ainda se desdobra. Além da questão da miopia ser o cerne do escrito, o mundo passa de não visto a visto pela primeira vez, ele surge da ausência: "*Ainsi le monde sortait de sa réserve lointaine, de ses absences cruelles*"[30]/ "Assim saía o mundo da sua reserva distante, das suas ausências cruéis."[31] No entanto, esta primeira vez não é apenas um eixo de "Savoir"/"Saber ver", ela aparece em outras obras e tem relação com a língua e com a escrita, como se escutar e escrever sempre fossem pela primeira vez. Ao ler Clarice Lispector, isso que estou chamando de "primeira vez", aparece como "antes", antes da lei, do conceito e do uso, deslocando o perto do coração selvagem da vida para perto do coração de um recém-nascido.

Gilda de Mello e Souza também aponta que a visão míope de Clarice Lispector impede uma visão de conjunto, assim como o desamparo próprio à visão de um recém-nascido impediria a constituição de um sentido substancial. No entanto, a própria Hélène Cixous indica que a leitura fragmentária não dispensa a (re)leitura

---

29 G. Mello e Souza, "O vertiginoso relance" in G. Mello e Souza, *Exercícios de leitura*, 34 ed., 2009, p. 97.

30 H. Cixous, "Savoir", 1998, p. 15.

31 H. Cixous, "Saber ver", 2001, p. 13.

integral de uma obra, o detalhe ganhará contornos mais nítidos na própria ação de tirar e recolocar os óculos, entre um gesto e outro, aquele que vê experimentará o objeto na proximidade (leitura do fragmento) que percebe os seus detalhes mais insignificantes e no afastamento (escrita do conjunto) que cria a distância respeitosa que a leitura da diferença exige. A partir do movimento de proximidade e distância entre o sujeito e o objeto, poderá surgir um terceiro elemento que não pertence a ninguém, a obra, a literatura, esses traços de união, na separação. Não por acaso, em *L'amour du loup* Cixous escreve esse traço de união como aquilo que terá vindo mais tarde. Assim como dirá, em *Jours de l'an*, que a criança virá enfim no fim. Nas próximas páginas, pensaremos de que fim se trata e de como ele se ata à criança.

DAS MOLÉCULAS ÀS MIGALHAS, A CRIANÇA MORTA INSUBLIMÁVEL

"o Amor te dita tuas novas gêneses. Não para cobrir o abismo,
mas para te amar até o fundo dos teus abismos."
Hélène Cixous, *A chegada da escrita*

Testemunhos oblíquos

Convidada pelas psicanalistas Chantal Maillet e Cécile Casadamont para falar sobre a sublimação, abordada por elas a partir dos termos "sublimável" e "insublimável", Hélène Cixous mostrará, no ensaio "Aller vers le plus effrayant" [Ir em direção ao mais aterrorizante],[1] que aquilo que se quer dizer é inseparável do modo de dizer. Sobre a sublimação, como dizer? Trata-se de um conceito em fuga e, perseguido, permanece inacabado, evanescente, o que talvez seja um modo de encenar sua transitoriedade e precariedade diante da tarefa de enganar a morte e fazer o destino pesar menos sobre nós.

Cixous não responderá ao convite com uma teoria, mas oferecerá testemunhos oblíquos: fragmentos vindos de seu seminário sobre Proust e sua "pulsão" de passagem à literatura;

---

1   H. Cixous, "Aller vers le plus effrayant", 2003c.

suas reflexões em torno de fazer literatura e dar a morte,[2] em torno da confissão e do caminho até o inconfessável, em torno de um sonho que será o ponto de maior relevo dramático neste trajeto do ensaio. Em outro ensaio, "A chegada da escrita",[3] Cixous situa os sonhos (e o amor) fora do escopo das operações de sublimação, os objetos do sonho e o amor não são objetos sublimes porque eles não podem pertencer ao circuito de trocas, nem de equivalências, circuito a que as produções culturais acabariam pertencendo.

O ensaio de 2003 parece condensar um problema fulcral para a literatura de Hélène Cixous, a da própria passagem tão tortuosa, tão catastrófica como milagrosa e secreta da vida e da morte à obra, do destino à destinação. É certo também que se há passagem, se há sublimação que contorna o vazio, há também algo que estaria impedido de ser sublimado, e, contudo, paradoxalmente, esse não sublimado também se torna obra. Em outras palavras, em uma obra poderia haver partes dela que estariam fora do escopo da sublimação. Situando-se numa zona problemática entre o sublimado e o não sublimado, a obra literária realizaria um banimento do eu, enquanto lugar de identidade, e uma "desidentificação ao falo",[4] bordejando um lugar vazio de ideais e desertado da produção de sentido.

---

2 Tanto no ensaio quanto em *Le jour ou je n'étais pas là* [O dia em que eu não estava lá], há um entrecruzamento intenso entre esses textos e um livro que lhes precede em pouco tempo, *Donner la mort* [Dar a morte], de Jacques Derrida (1999), que trabalha as relações entre o dom, a morte, o sacrifício e o segredo da literatura. Arriscaria a dizer que Cixous oferece em *Le jour ou je n'étais pas là* ao seu amigo J.D. o contraponto literário para a filosofia delineada em *Donner la mort*.

3 H. Cixous, *A chegada da escrita*, 2024.

4 Gérard Pommier coloca no cerne da sublimação a desidentificação ao falo, diz ele: "*Dans ce procès actif de la sublimation, on remarque que le corps se trouve désexualisé, puis'il se débarasse ainsi de sa position phallique.*" (*Le dénouement d'une Analyse* [O desenlace de uma análise], p. 254). Em *Aller vers le plus effrayant* (2003c.), Cixous lança um problema, sem nele se deter, afirmando que a escrita não exige do autor uma posição em relação à diferença sexual.

Em *Hélène Cixous, Rootprints: Memory and Life Writing*,[5] Cixous situa o sublime como uma experiência no limite do abismo e para além do eu. Assim, conforme indiquei acima, é na travessia do campo da resistência e mesmo do intolerável que se dá o esforço de leitura da obra de Cixous. Leitura que, a cada vez, redesenha um palimpsesto com suas camadas literárias, filosóficas, autobiográficas e, neste momento, testemunhal.

Ao dizer "testemunhos oblíquos", meu subtítulo rouba uma expressão da própria autora para delinear um recorte de leitura que abarca as seguintes obras: *Le jour où je n'étais pas là* e *Manhattan – lettres de la préhistoire*, e, também, o ensaio mencionado acima "Aller vers le plus effrayant". As duas obras literárias e o ensaio partilham uma vizinhança no tempo e minha leitura tentará mostrar a contribuição desses três momentos para pensar impasses difíceis de formalizar na literatura e na psicanálise, quais sejam: a representação da morte do pai e, sobretudo, a representação da morte da criança, que colocam a narradora entre o "tapa-olho" e a "falta da língua".

Em sua construção, *Manhattan* mobiliza tanto o cemitério quanto a biblioteca, e não somente a Beinecke, mas a biblioteca metafórica composta por cada autor a que Cixous recorre, a exemplo de Donne, Poe, Kafka, Homero, Proust e Joyce, o que também constitui um procedimento em outros livros. Em contrapartida, *Le jour ou je n'étais pas là* não mobiliza diretamente a literatura; em outra chave representativa, estão as seguintes histórias de mutilações: a da devoração de Irina, a do cachorro de três patas, a do filme em torno do julgamento de Eichmann e a da falsa gravidez da mulher do caminhoneiro que a mãe da narradora atendera na clínica de partos na Argélia. Mais adiante, darei mais detalhes sobre essas histórias.

É claro que o leitor de Cixous encontrará em filigrana o julgamento herdado de Ésquilo, a crueldade de Shakespeare e mesmo

---

5   H. Cixous e M. Calle-Gruber, *Hélène Cixous, Rootprints: Memory and Life Writing*, 1997.

a culpa e o sacrifício pensados por Derrida, mas eles virão submetidos a uma espécie de apagamento que merece atenção. Essa diferença de procedimento intriga-me e ocupa-me: em *Manhattan*, há um pai que escreveu cartas e um amante encontrado em uma biblioteca de livros raros, ambos interpretados a partir da literatura; em *Le jour où je n'*étais *pas là*, há uma criança abandonada e morta, um *bebê* que nunca experimentou a fala. A meu ver, essa relação com objetos que apresentam modos distintos de relação com a linguagem, um dentro e outro fora do sistema simbólico, muda decisivamente a relação das narradoras de cada um desses livros com a literatura e com a própria escrita em cada livro.

Manhattan – entre o cadáver e a pérola

Manhattan – lettres de la préhistoire foi publicado um ano depois do ataque que transformou em poeira as torres gêmeas, instalando no sul da ilha, que parecia viver sempre no presente, uma ruína. Tanto no caso da cidade de Nova York quanto no livro citado tem-se uma memória engendrada pelo desastre. Embora Cixous seja obcecada por datas que entrelaçam acontecimentos históricos e autobiográficos, o 11 de setembro não será diretamente representado em *Manhattan*, ele aparecerá em *Hyperrêve* entrelaçado ao aniversário de Adorno. Em *Manhattan*, a catástrofe de 11 de setembro surge figurada indiretamente como explosão, poeira, acontecimento histórico que coloca em questão a própria realidade do evento[6] – quem de nós ao ver a cena transmitida em tempo real não se perguntou, incredulamente, como diante de todo desastre: isso que estou vendo está acontecendo? Do evento, o que podemos ver e dizer? Perguntas que nos instalariam no coração do problema do limite, afinal a cena do desastre é aquela que toca o infinito daquilo que não cessa de não se escrever e coloca um problema

---

6   Ver nota 10, p. 13 sobre tradução de *événement* por "evento", e não por "acontecimento".

verdadeiro para a articulação entre a cena que emoldura a realidade e o efeito de irrealidade diante da aparição do Real, quando a moldura cai. A narradora de *Manhattan* escreve que somos atravessados pelos eventos não só com um tapa-olho negro no olho, mas também na língua. O evento e sua escrita transitam precariamente entre o tapa-olho e o tapa-língua. Dito isso, posso chegar ao fragmento:

> [...] *de Paris à Londres à New York à New Haven à Buffallo. Je ne me laissais pas séparer du thème de mon voyage compliqué mais minutieusement organisé: j'allais droit à la littérature comme bannissement.* [...] *J'aimais uniquement La Littérature comme Monstruosité Supérieure. La transformation des cadavres en perles m'enthousiasmait Full fathom five thy father lies, those are pearls that were his eyes je me répétais le refrain magique et rien de mal ne pourrait plus m'arriver. La littérature a transformé le cadavre de mon père c'est tout ce que je demandais: la sublimation du cadavre dis-je à mon frère, voilà ce que cherchais.* [...] *J'allais au-delà du cadavre jusqu'aux phrases. Je faisais phrase de mon père. Je ne perdais plus papa dis-je. Je ne perdais plus. J'avais trouvé la mine de perles.*[7]

[...] de Paris à Londres à New York à New Haven a Buffallo. Não me deixava separar do tema da minha viagem, complicado, mas minuciosamente organizado: eu estava indo diretamente à Literatura como banimento. Eu só gostava da literatura como Monstruosidade Superior. A transformação dos cadáveres em pérolas me entusiasmava *Full fathom five thy father lies, those are pearls that were his eyes,*[8] eu repetia para mim mesma esse refrão mágico e nada de mal poderia

---

7 H. Cixous, *Manhattan: lettres de la préhistoire*, 2002, p. 81.

8 H. Cixous deixa em inglês os versos da Canção de Ariel cantada em *A tempestade* e traduzidos assim por Barbara Heliodora: "Teu pai repousa a cinco braças;/Seus ossos hoje são coral,/Em perolas seus olhos traças." In *Grandes obras de Shakespeare*. Organização: Liana de Camargo Leão. 2017, p. 375.

me acontecer. A literatura transformou o cadáver do meu pai, era tudo que eu pedia: a sublimação do cadáver, digo a meu irmão, era isso que eu procurava. [...] Eu ia além do cadáver até as frases, fazia frase do meu pai. Eu não perdia mais papai, disse. Eu não perdia mais. Eu tinha encontrado a mina de pérolas.

Entre o cadáver e a pérola, Hélène Cixous adverte seu leitor que o livro *Manhattan* não é um objeto morto, mas uma explosão subterrânea, não é sobre os escombros, mas diz como um livro sob os escombros. Afinal, às vezes o mundo se perde por causa de um cisco no olho. Uma cena morta, desaparecida, será ressuscitada e reaparecerá como tentativa de *narrativa* (*récit*). Não é de imediato que a cena começará a ser reconstruída, podendo, talvez, ser chamada de originária, ela não é a origem, isto é, não vem formalmente primeiro no livro. O livro começa com uma caminhada da narradora com seu irmão, uma caminhada feita a contragosto e que lhe traz o pensamento sobre o sacrifício, palavra que resumiria o passeio.

O leitor atravessará seis seções até chegar à seção que se intitula "Nécropole". Esse é outro nome para a Biblioteca Beinecke, a biblioteca tumular de manuscritos raros de Yale, com suas paredes de fino mármore branco que deixam a luz atravessar e penetrar "os volumes que testemunham doenças e agonias."[9] Nela, comparável a um túmulo e transfigurada em hospital, deu-se a "cena fatal" que a narrativa buscará reconstruir: "Lá deveria começar minha Narrativa, neste Mausoléu, por uma Lágrima."[10]

A construção de *Manhattan* faz-se à maneira do palimpsesto proustiano, nela estão os que escreveram antes dela: Proust, Poe, Keats, Homero, para mencionar apenas aqueles que são nomeados explicitamente nesta seção, mas também estão os seus mortos: o

9   Ibid., p. 92.

10 Ibid., p. 98.

pai ainda jovem e o filho ainda bebê que morrera dois anos antes da cena em Yale. Eles portam o mesmo nome, Georges, que sonoramente carrega o pronome de primeira pessoa em francês *Je*, as primeiras letras da cidade natal da escritora, *Oran*, e deixam ressoar o nome do amante, Gregor, o "amor-angústia" que a narradora encontra na Biblioteca Beinecke e que, inscrevendo-se e apagando-se, não deixa de evocar o personagem de Kafka, Gregor Samsa, o metarmofoseado. A questão do sacrifício metamorfoseia-se insistentemente – quem, afinal, é o sacrificado?

O encontro com Gregor, em 1964, em New Haven e em Manhattan, coloca em crise o objeto – quem é esse homem a quem falta um dente e que lhe dá um golpe de mestre, neste caso, de falsificação? O que coloca em crise também os limites entre sonho, realidade e imaginação, a ponto de, ao retornar a Paris, a narradora ir até o consultório de seu amigo Jacques Lacan para perguntar se estava louca. Essa experiência de crise do objeto e do *eu* que o lê, situando quem escreve no abismo do incalculável, está enraizada em outras duas perdas: a morte prematura de seu pai, quando ela tinha dez anos e o nascimento de seu filho *mongoloide* quando ela tinha 22 anos. A narradora faz questão de manter a palavra *mongolien*, termo hoje visto como pejorativo e em desuso, mas que, pela palavra francesa deixa ressoar *lien*, aquilo que mantém juntas coisas separadas e não deixa esquecer a "violência da nomeação".

As mortes muito prematuras de pai e filho – prematuridade que coloca a cena entre um cedo demais, da chegada da morte na vida, e um tarde demais da passagem dessa experiência à escrita – perturbam a realidade do evento e da coisa vista através da pontuação, dos tempos verbais, dos pronomes pessoais e da sintaxe. Esses procedimentos estéticos dão forma ao destino e releem a estrutura, a psíquica e a literária que na obra de Cixous se parecem confundir. Ao final de *Manhattan*, o irmão dirá à narradora que sua memória é literária; e, de fato, esta reconfigura sua própria história através da construção de cenas ditas primitivas, de sonhos e de fragmentos literários. Em *Gêneses, genealogias, gêneros e o gênio*,

Jacques Derrida toma *Manhattan* como eixo em torno do qual fará orbitar outras obras da autora, delineando uma "dramaturgia da família, da origem, do nascimento e da filiação do nome."[11] Tal dramaturgia da família articulada à questão do destino da escrita literária talvez seja um dos fios mais insistentes que atravessa a vasta obra de Hélène Cixous.

Le jour où je n'étais pas là – juntando migalhas

Em entrevista a Françoise van Rossum-Guyon em torno do livro *Manne: aux Mandelstams, aux Mandelas*[12] [Maná: aos Mandeltams, aos Mandelas], em que a escrita cruza os caminhos da prisão e do exílio que afetou os destinos dos casais Mandela e Mandelstam, Hélène Cixous diz que o pior sofrimento é aquele que não pôde ser vivido.[13] Valho-me desta frase para indicar a dificuldade e a potência do livro *Le jour où je n'étais pas là*. Dele extraio elementos e procedimentos que vão fazendo uma borda em torno da cena que não pôde ser vivida, marcada não tanto pela cegueira metafórica de *Manhattan*, mas, sobretudo, pela ausência material, real. O evento não vivido é o dia da morte do filho da narradora, e "o não estar ali" dá-se de modo literal, nem a avó, Ève, nem a mãe, a narradora, estão presentes no instante da morte de Georges. A cena da morte, em que nunca se esteve – e quem poderá estar? – será escrita ao fim do livro.

Pode-se dizer que a escrita teria sido despertada pela visita à narradora do "filho vivo". Ele tinha passado para buscar o livro de registros da família. Estão, neste livro, nascimentos, casamento,

11 J. Derrida, *Gêneses, genealogias, gêneros e o gênio*, 2005, p. 12.

12 H. Cixous, *Manne: aux Mandelstams, aux Mandelas*, 1988.

13 F. van Rossum-Guyon, "A propos de Manne. Entretien avec Hélène Cixous" in F. van Rossum-Guyon e M. Dìaz-Diocaretz (org.), *Hélène Cixous, chemins d'une écriture*, p. 225.

divórcio, óbitos, e é a primeira vez que vai sair da casa da narradora. É 1º de maio de 1999:

> *Mes seins gonflent. Messages. Ce sont les fils, me dis-je. Les fils ne passent pas. J'écoute la radio. À l'aube commence de l'énumération du Quotidien de Crimes. Le reste ne m'intéresse pas. Depuis quelques mois, ouvré-je un livre, déchiré-je une enveloppe. Je suis choisie par les démons. Je pourrais leur échapper, mais je ne le fais pas. J'entre dans les cages, je marche sur les excréments. Je m'extasie.*[14]

Meus seios incham. Mensagens. São os filhos, digo para mim mesma. Os filhos não passam. Escuto o rádio. Ao amanhecer, começa a enumeração do *Quotidien de Crimes*. O resto não me interessa. Faz uns meses, obrado, eu, um livro, rasgado, eu, um envelope. Eu fui escolhida pelos demônios. Poderia escapar deles, mas não o faço. Eu entro nas gaiolas, ando sobre os excrementos. Eu me extasio.

O fragmento é extremamente econômico, composto de frases curtas, é como se toda a história a ser contada já estivesse condensada e cifrada em um único fragmento. A narrativa avança na direção dessa ordem do destino a ser cumprida pela narradora: "*Dans le courrier une enveloppe dit: Ouvrez! Photo! Roumanie! J'ouvre. [...]. La lettre explique. La petite Irina deux ans a été dévorée une nuit jusqu'au bras par une autre Irina, douze ans, qui mourant de faim a mangé jusqu'à ne plus pouvoir.*"[15] [No correio um envelope diz: Abra! Foto! Romênia! Abro. [...] A carta explica. A pequena Irina de dois anos, uma noite, foi devorada até o braço por outra Irina, doze anos, que, morrendo de fome, comeu até não poder mais.]

---

14   H. Cixous, *Le jour où je n'étais pas là*, 2000b, p. 13-14.

15   Ibid., p. 14.

Nas páginas seguintes, a narradora passa aos "arquivos de 1º de maio de 1999". Nesse primeiro dia azul do ano, tempo de recomeços, a narradora, sua mãe e sua filha fazem um passeio no parque, tudo parece transcorrer sem incômodos até que a narradora vê um cachorro de três patas abandonado. A perturbação é imensa:

> *La dame au vélo disait: pas de gardien le 1ᵉʳ mai. Jour d'abandon et sans témoin. [...] 1ᵉʳ mai fête de l'abandon. Au lieu de tuer. Le chien acquitté. Pardon! Pardon! Pardon. Pardonné.*
> *E moi aussi? Et moi aussi. Et toi aussi.*
> *Que faire.*
> *J'ai abandonné*
> *J'ai été abandonné.*[16]

A senhora de bicicleta disse: sem guarda no 1º de maio. Dia do abandono e sem testemunha. [...] 1º de maio dia do abandono. No lugar de matar. O cachorro absolvido. Perdão! Perdão! Perdão. Perdoado.
E eu também? Também. E você também.
O que fazer.
Eu abandonei.
Eu fui abandonado.

Tanto a cena da devoração do braço da pequena Irina de dois anos pela Irina de doze anos quanto a cena no parque, em que se encontra o cachorro mutilado e abandonado, compõem o início de *Le jour ou je n'etais pas là*. São sinais daquilo que virá a ser reconstituído pela memória apenas nas páginas finais, como se na escrita os vestígios do destino viessem de fora, e não de uma lembrança da narradora. Como vimos, em *Manhattan* o cadáver do pai se transforma em frases e seus olhos em pérola, tal transposição é feita através de Shakespeare. Em contrapartida, gostaria de mostrar que

---

16 Ibid, p. 21-22.

em *Le jour ou je n'etais pas là* o procedimento não é de transformação e de elevação por meio de cenas da literatura.[17]

O procedimento é de juntar migalhas, isto é, trazer à luz cenas que passariam despercebidas se não fosse o olhar machucado da narradora, um cisco, um quase nada, fere o olho e, ao mesmo tempo, dá a ver a cena. Para se aproximar da criança morta, não traindo sua pequenez, lança-se mão das formas do negativo. Enumero algumas: Ele não nasceu;[18] meu des-aninhado;[19] não-habitante da língua;[20] criança para nada, o mongoloide;[21] O mongoloide não sabe nos esconder a imperfeição que ele nos dá para partilhar.[22] A narradora escreve que "a vida dessa criança se passou toda e sempre antes da invenção da narrativa (récit)."[23] A certa altura, ela dirá que, nas voltas do Tempo, o Ausente virá e que pensar no filho morto implica mudar de ausências: não-nascer, não-dizer-eu, morrer. Ausências que não são de modo nenhum conteúdo ou tema da escrita, mas estão na sua forma e nos seus efeitos. De *Manhattan* a *Le jour ou je n'étais pas là*, a escrita de Cixous passa da elevação do cadáver do pai sublimado à queda em direção à criança morta, insublimável, misturada às entranhas do corpo:

> *Ce qu'il en est ce cas n'est ni reconnaissable ni pensable, ni séparable de moi. Il est rustique, il est mêlé à ma circulation, il est tressé à mes*

---

17   Pode-se traçar um paralelo interessante entre os modos de representação de *Manhattan* e de *A paixão segundo G.H.*, de Clarice Lispector (1986). Neste, como naquele, as figuras de linguagem disseminam-se, como metáforas, metonímias e oximoros. Em contrapartida o narrador enfileira, em *A hora da estrela* (1998), como em *Le jour ou je n'*étais *pas* lá (2000b), negatividades ao infinito para se aproximar desse quase-nada que é Macabéa, como foi muito bem indicado por Vilma Arêas em ensaio seminal sobre o romance.

18   H. Cixous, *Le jour où je n'étais pas là*, 2000 b, p. 54.

19   Ibid., p. 74.

20   Ibid., p. 90.

21   Ibid., p. 131.

22   Ibid., p. 177.

23   Ibid., p. 87.

racines, oublié à ma mémoire, furtif, à peine trace, reste son sourire fane, son portrait jauni de naissance puis de plus en plus jaunissant, les mois passant, car Il était nourri de carottes exclusivement.[24]

Do que se trata nesse caso não é nem reconhecível, nem pensável, nem separável de mim. Ele é primitivo, ele está misturado à minha circulação, trançado às minhas raízes, esquecido na minha memória, furtivo, difícil seguir seus rastros, resta seu sorriso desbotado, seu retrato amarelado de nascença, mais e mais amarelado, no passar dos meses, pois ele era alimentado exclusivamente de cenouras.

No ensaio "Aller vers le plus effrayant", a criança morta será o insublimável. Sublimado e insublimável parecem reunidos por uma literatura em que o "Verbo toma o poder absoluto em relação ao sentido", ao mesmo tempo compondo e decompondo o sentido. No caso do pai sublimado, seria obrada a refabricação da escritora com moléculas literárias, no caso da criança morta, insublimável, ela continuará a juntar migalhas e a não escrever o respectivo livro até o fim.

Enfatizo que esses dois lados, o do sublimado e do insublimável, escrevem-se de modo bastante distintos. Do lado *Manhattan*, dispõe-se das bibliotecas, das moléculas literárias que nomeiam e são nomeadas. Do lado *Le jour où je n'*étais *pas là*, é-se levado à clínica, ao tribunal, às histórias ordinárias à maneira de *faits divers* [fatos diversos]: o cachorro de três patas, as órfãs Irinas, a falsa gravidez da mulher do caminhoneiro. A clínica, que antes fora do pai médico que morre tuberculoso, foi transformada pela mãe, parteira, em clínica de partos. É nela que a criança "mongoloide" nasce e morre. O tribunal pertence ao livro de maneira direta, pois o filho vivo convida a mãe, a narradora, para assistir a um filme em torno do julgamento de Eichmann, e de maneira indireta, já que a narradora situa a experiência da maternidade como um julgamento

---

24 Ibid., p. 64-65

em que a mulher estaria sempre em situação de dívida ou de culpa moral diante da sociedade pelo filho que tem ou que deixa de ter. No caso de ter tido um filho "mongoloide", essa relação com a falta torna-se ainda mais complexa e perturbadora. A crueldade do relato dá-se numa certa simetria oblíqua entre o acusado Eichmann, no plano da História, e as acusadas no plano do livro: a narradora e sua mãe, já que a mãe, Ève, não obedece às ordens de Omi (mãe de Ève e avó da narradora) de lhe prescrever a morte quando seu estado de saúde estivesse muito deteriorado e, em contrapartida, Ève impede o filho médico de prescrever uma medicação que poderia prolongar a vida do bebê "mongoloide" que sofria de uma cardiopatia grave. O relato continua em direção ao mais aterrorizante, deixando pairar no ar a questão de quem é o acusado e de que crime ele cometeu – o de dar a vida ou o de dar a morte?

Como a própria leitura da narradora que demora quarenta anos para tornar-se escrita, entre as décadas de 1960 a 2000, essas ligações oblíquas podem não ser percebidas numa primeira leitura, esse paralelo entre a menção ao filme sobre Eichmann e o tribunal de mães-rés (judias e exiladas, aliás), evocado por Cixous, só ficou mais nítido para mim ao ler o seguinte fragmento:

> Foi exatamente o aspecto teatral do julgamento que desmoronou sob o peso horripilante das atrocidades. Um julgamento parece uma peça de teatro porque ambos começam e terminam com o autor do ato, não com a vítima. Um julgamento-espetáculo, mais ainda do que um julgamento comum, precisa de um roteiro limitado e bem definido daquilo que foi feito e de como foi feito. No centro de um julgamento só pode estar aquele que fez algo – nesse sentido é que ele é comparável ao herói de uma peça de teatro –, e se ele sofre, deve sofrer pelo que fez, não pelo que os outros sofreram.[25]

---

25   H. Arendet, *Eichmann em Jerusalém: um relato sobre a banalidade do mal*, 1999, p. 19.

Em *Demorar – Maurice Blanchot*,[26] lendo o testemunho representado de maneira cifrada em *O instante de minha morte*, de Maurice Blanchot, Jacques Derrida também se vale da cena do tribunal para problematizar os lugares do acusado e da vítima, da verdade e do perjúrio, do tempo da morte, do retorno à vida e do tempo transcorrido entre a cena vivida e a cena escrita. Digo isso para indicar a dimensão de centralidade radical que a cena do tribunal ocupa numa certa linhagem de narrativas do século XX, de Kafka a Blanchot, de Lispector[27] a Cixous, o tribunal é um dos modos de o século XX retomar a questão do *dar a morte*, do mal e da crueldade. Se em *Manhattan* Cixous se vale de uma citação literal de *A tempestade*,[28] como vimos acima, em *Le jour ou je n'étais pas là*, se não me falha a memória, há uma única obra nomeada diretamente: *O idiota*,[29] de Dostoiévski. Já Shakespeare é evocado de maneira bastante oblíqua no fragmento em que a mãe da narradora está contando a ela a história da mulher do caminhoneiro que finge uma gravidez e toma como seu o bebê de outra mulher: "*Elle [le bébé] n'a pas de oreille dis-je à la mère, c'est-à-dire ma mère à la grosse femme. [...] Tant pis dit la femme du camionneur, c'est fait-c'est fait, je ne peux faire marche arrière, et c'est tout ce que je sais de cette histoire dit ma mère*".[30] [Ela [o bebê] não tem orelha, digo à mãe, isto é, diz minha mãe à mulher gorda. [...]. Agora já foi, diz a mulher do caminhoneiro, *está feito-está feito*, não posso voltar atrás, e isso é tudo que sei desta história, diz minha mãe.]

---

26   J. Derrida, *Demorar: Maurice Blanchot*, 2015.

27   A esta altura o leitor clariciano já deverá ter se lembrado da cena final de *A maçã no escuro* (1992) e do admirável *A mulher que matou os peixes* (2022).

28   W. Shakespeare, "A tempestade" in Liana de Camargo Leão (org.), *Grandes obras de Shakespeare. Comédias*, 2017.

29   F. Dostoiévski, *O idiota*, 2014.

30   H. Cixous, 2000, p. 139, itálicos de Hélène Cixous.

O *c'est fait-c'est fait* [está feito-está feito] não deixa de ressoar a fala de Lady Macbeth "*ce qui est fait est fait*" [o que está feito está feito]. Cito o fragmento na tradução brasileira:

Não há ganhos, tudo é perda
Se desejo se alcança sem prazer:
É mais tranquilo ser o que foi findo
Que ficar inseguro destruindo.
(Entra Macbeth)
Então, senhor? Por que ficar tão só,
Na companhia de lembranças tristes
E ideias que deveriam ter morrido
Com os que as relembram? Coisas sem remédio
Não têm valor; o feito já está feito.[31]

Os leitores de Shakespeare e de Cixous sabem que o conteúdo geral e o contexto da peça *Macbeth* são radicalmente distintos de *Le jour ou je n'*étais *pa là*. No entanto, na microestrutura, onde está a dimensão da leitura e da escrita de Cixous, no "menor e no mais inaparente"[32] trabalhado à lupa e pinça, no plano da ressonância significante e não no plano geral do significado, é possível deixar ressoar a herança shakesperiana em torno do mal, do crime, do feito incontornável, mas principalmente sublinhar que, para Cixous, ao contrário do que diz Lady Macbeth, o que importa é dar forma, e, portanto, valor, às coisas sem remédio.

Mais de uma vez, em sua obra literária ou crítica, Cixous dirá que a tragédia está no detalhe. Neste ponto, gostaria de fazer um

---

31 W. Shakespeare, op. cit., p. 553.

32 Remeto o leitor ao belo título do livro de Barbara Cassin: *Avec le plus petit et le plus inapparent des corps* (2007). O título é parte de uma formulação de Górgias no *Elogio de Helena*: "*La langage est un grand souverain qui, avec le plus petit e le plus inapparent des corps, achève les actes les plus divins.*" [A linguagem é um grande soberano que, com o menor e mais imperceptível dos corpos, realiza os atos mais divinos.]

breve recuo a *Dedans*[33] [Dentro]. Neste livro, a narradora, escrevendo os efeitos da morte de seu pai em seu corpo, mostra-nos que essa morte se inscreve também na sintaxe, como se fosse preciso haver uma nova gramática para inscrever a morte do pai, como se essa devastação precisasse ser inscrita em cada giro microscópico da frase, microscopia que não deixa de ser uma das figurações da miopia na obra de Hélène Cixous:

> *Un jour je supprimai la conjonction causale et je déclarait: 'Mon père est mort... Il était le meilleur.' Puis je fis un progrès dans l'art de me défendre et je dis: 'Mon père est mort. Il est le meilleur.' C'est ainsi que je découvris que le passage de vie à mort n'était pas une porte qui s'ouvrait et se refermait. Je disais: 'Mon père mort est le meilleur'; et cela voulait dire: 'Mon père est le meilleur des hommes – vivants ou morts.' A partir de cette déclaration je me mis à attendre ses visites, et dans le moments d'espoir sans borne, son retour définitif. [...]. je n'ai jamais eu peur de ma mort; je n'ai plus rien à perdre, ni personne.*[34]

Um dia suprimi a conjunção causal e declarei: 'Meu pai está morto... Ele era o melhor.' Então, progredi na arte de me defender e disse: 'Meu pai está morto. Ele é o melhor.' Foi assim que descobri que a passagem da vida à morte não era uma porta que se abria e se fechava. Eu dizia: 'Meu pai morto é o melhor'; e o que isso queria dizer era: 'Meu pai é o melhor dos homens – vivos ou mortos.' A partir dessa declaração, me pus a esperar suas visitas, e nos momentos de esperança sem limite, seu retorno definitivo. [...] eu nunca tive medo de minha morte; eu não tenho mais nada a perder, nem ninguém.

---

33   H. Cixous, *Dedans*, 1986.

34   Ibid., p. 13.

Ir em direção ao mais aterrorizante, a criança morta

Em "Aller vers le plus effrayant", Hélène Cixous diz como recebeu o convite das psicanalistas Chantal Maillet e Cécile Casadamont para falar sobre a história da sublimação em Freud. Diz de sua afonia, que, segundo ela, está relacionada menos à convocação feita pelas psicanalistas do que à grande manifestação de 1º de maio. Diz que foi reler "Lembrança de infância de Leonardo da Vinci" em alemão, mas que é incapaz de tratar a sublimação teoricamente, que a questão, por ser uma verdadeira questão, a ultrapassa, a persegue e a faz trabalhar. Sem poder ir direto ao ponto, ela vai proceder por "testemunhos oblíquos" e remeter-se ao seminário que tinha dado mais cedo sobre Proust, esse autor que escreveu, sem citar Freud, um tratado sobre o psiquismo; de Proust, ela destaca os seres-de-fuga, isto é, em metamorfose sob o efeito do tempo, do destino e da palavra que os interpreta. Depois dessas considerações, acrescenta: Leonardo deixa tudo inacabado. Foge.

Dessas primeiras linhas, o leitor de Cixous pode extrair alguns significantes importantes: movimento de fuga, inacabamento, limite. Se a obra nunca se acaba, para Leonardo, se Cixous, no que diz respeito à sublimação e à literatura, não pode teorizar, mas apenas fazer literatura ou testemunhar obliquamente, ela nos deixa saber que ela também foge diante da força oculta que é a chegada de um livro que ainda se colocará a escrever. Os livros lhe são enviados e exigem uma receptividade, dão medo e vontade de fugir. A escrita é constituída de cartas e letras do outro que não obrigam o escritor a se definir sexualmente. Essas cartas, essas letras, apresentam-se como sonhos que colocam o sonhador diante do terrível, ao mesmo tempo que extraviam dele. Quem escreve faz uma violência, uma hecatombe e, ao mesmo tempo, pela forma, extravia-se delas. É com um sonho, esse "trabalhador obstinado",[35] que Cixous responderá à questão das psicanalistas.

---

35 Em francês está no plural – *"Travailleurs acharnés"* – já que, com "trabalhadores obstinados", Cixous está se referindo aos sonhos e não a um único sonho.

O ensaio de Cixous traça um circuito de endereçamentos e de enigmas para tratar o problema da sublimação, mas não estabelece um enunciado que venha a dar uma resposta. Do sonho, Cixous desperta perguntando-se: "Por que sonhei com F.?" O sonho coloca em cena o tempo infinito em que Cixous não pensara mais nela. Primeiramente, ao tentar alcançá-la e abraçá-la, Cixous fracassa, elas estão separadas por muitas pessoas. Quando se aproxima, Cixous constata que, exceto por estar mais magra, ela continua colorida e bela, e a sonhadora diz, animada, do prazer de revê-la. A sonhadora repara que ela usa uma peruca e fala que não há nenhum mal no fato de a beleza se sustentar em pequenos artifícios. Elas saem juntas, F. é quem dita o caminho pela terra lamacenta, a sonhadora pressiona o braço dela para tentar andar mais rápido. A sonhadora diz: "Bem, estou dentro."

Cixous comenta que sua "perplexidade começara às 5 horas da manhã: ela voltou, a morte das crianças mortas, chamada pela carta das analistas como figura da criança morta não-sublimada." F. tinha sido uma orientanda de Cixous que perdera um bebê de morte súbita. F., alguém com grande investimento fálico na maternidade, telefonara a Cixous aos berros: "Ela está morta." A cena é terrível, como se a morte tivesse arrancado o fruto vivo de seu ventre. Mais tarde, F. tem um câncer de seio devastador e morre. Cixous diz ainda que guardou essa história como se tivesse se passado com ela, como se F. fosse sua filha. Há mais de uma criança morta, F., o bebê de F. e a criança morta da própria Cixous; a cadeia associativa parece infinita e, na sequência, Cixous lembra-se de uma colega que tivera um bebê lindo, enquanto ela, Cixous, tivera um bebê "mongoloide". O bebê da colega morre e o dela sobrevive. Eis, literalmente, o impensável: há um erro nisso – "o que os deuses fazem?"

Essas histórias, esquecidas (ou talvez fosse melhor dizer recalcadas) por serem demasiadamente terríveis, retornam em sonho para dizer da sublimação e de seu limite, disso que coloca no centro do palco o destino, a fatalidade. Mas se, como quer Shakespeare a propósito da fatalidade, somos moscas para os deuses, o que nos é dado a viver é a experiência do limite, do limite de que trata a poesia, num circuito precário sempre a ser refeito, recomeçado, entre a vida, a morte e as transfigurações das formas que contornam o instante em que, na ultrapassagem, a própria forma fica suspensa, como nas linhas finais de *Manhattan*, em que o lugar em que se viveu o amor-angústia desaparecera. Escreve-se desta maneira:

> *Quand j'ai voulu retrouver le King's Crown Hotel*
> *o imóvel tinha desaparecido totalmente*
> *À sa place devrait commencer Le Récit.*[36]

> Quando quis reencontrar o King's Crown Hotel
> o imóvel tinha desaparecido totalmente
> Em seu lugar deve começar A Narrativa.

Essa promessa de Narrativa me faz voltar ao ensaio "Aller vers le plus effrayant" para escutar o contorno da morte pela escrita: "É verdade e não é verdade: 'Meu pai me deu a morte'. E eu lhe agradeço. Ele me deu sua morte para viver."[37] Cixous diz que a escrita, pelo menos a sua, depende do "dar a morte". A canção de Ariel, em *A tempestade*,[38] de Shakespeare, que Cixous cita em *Manhattan*, desloca em versos o cadáver para transformá-lo em coral, pérola, mar contínuo. No mesmo trecho, como vimos acima, a narradora de *Manhattan* se referirá à literatura como "Monstruosidade superior". Em contrapartida, em *Le jour...* a literatura não será o meio mais notório de transposição do horror vivido para a experiência da escrita. As histórias prosaicas não se transformam em pérola; permanecem no plano de uma monstruosidade que poderíamos dizer ordinária, sem transformação, sem elevação. Talvez se mantenham no plano do recalque e daquilo que só pode aparecer cifrado em sonho. É significativo que no ensaio Cixous tenha se valido de um sonho como resposta-não--resposta para dar forma ao problema da criança não sublimada.

---

36   H. Cixous, *Manhattan: lettres de la préhistoire*, 2002, p. 239.

37   H. Cixous, "Aller vers le plus effrayant", 2003c, p. 21.

38   W. Shakespeare, op. cit.

A escrita de Hélène Cixous porta como traço um deixar-se ficar desprotegida diante da ameaça da não-obra, ela não escapa de uma deriva infinita entre a elevação do cadáver do pai sublimado e a queda em direção à criança morta não-sublimada. "Nós não decidimos", apenas contornamos, salvo o engano, uma *hiância renovada*.[39] Pode-se dizer que a obra literária é apreendida como objeto vivo, isto é, resistindo à seriação da lógica mercadológica, em movimento incessante não somente contra o já dito, como também contra a petrificação conceitual da própria teoria da literatura, mostrando uma articulação nunca pronta entre estrutura e transformação, entre destino e destinação, entre a sublimação e o insublimável.

Esse movimento entre o que se transformou em literatura e a hiância constituinte de seu próprio campo não cessará na escrita de Cixous, provando, experimentando, que a sublimação é obra inacabada e ameaçada pelo nada que ela contorna. O filho morto não sublimado – precariamente contornado por histórias que parecem não poder se transformar em moléculas literárias e ser valorizadas culturalmente como as pérolas de um Shakespeare – é justamente aquele que não esconde a imperfeição. Para estar diante dessa imperfeição, às vezes é preciso percorrer quarenta anos, sem nunca esquecer a advertência da narradora: *"On ne peut s'arrêter dans un trou sans bords."*[40] Não se pode parar em um buraco sem bordas.

---

39   Deixo ressoar aqui um fragmento de Lacan: "No nível da sublimação o objeto é inseparável das elaborações imaginárias e, muito especialmente, culturais. Não é que a coletividade as reconheça simplesmente como objetos úteis – ela encontra aí o campo de descanso pelo qual ela pode, de algum modo, enganar-se a respeito de *das Ding*, colonizar com suas formações imaginárias o campo de *das Ding*. [....] De maneira aniversariante, como no ano passado falei-lhes de *Hamlet*, falar-lhe-eis do teatro elizabetano que é o ponto de virada do teatro europeu e, da mesma feita, civilizado. É nesse momento, com efeito, que se produziu a promoção do objeto idealizado do qual Freud fala em sua nota. Freud deixa-nos diante do problema de uma hiância renovada concernente a *das Ding*, que é dos religiosos e dos místicos, no momento em que não mais podíamos colocá-lo, por nada, sob a garantia do pai." (J. Lacan, *O seminário, livro 7: A ética da psicanálise*, 1988, p. 125-126.)

40   H. Cixous, *Le jour où je n'étais pas là*, 2000 b, p. 180.

DOIS ÁTOMOS, A CRIANÇA E A GUERRA, DEIXAR FALAR OS ESCOMBROS

Para Ana, Andrea, Nina e Alfredo,
pela companhia luminosa em domingos escuros.

"Mata-se a criança para matar a própria morte, para desabilitá-la por meio da figura do puer aeternus – a criança eterna. A morte já não pode alcançar a criança morta, uma vez que não se morre jamais duas vezes.
[...] No silêncio e nas elipses, a infância opera. Mina por dentro a frase articulada. Mas fazer desabar a língua pode significar também abismá-la num começo auspicioso."
Rosana Kohl Bines, *Infância, palavra de risco*

Como vimos no primeiro ensaio deste volume, os livros *Or: les lettres de mon père, Hyperrêve, 1938, nuits* e *Gare d'Osnabrück à Jerusalém* são, por assim dizer, compostos por histórias de família retiradas dos escombros, do esquecimento, do silenciamento, de modo esparso e fragmentário por Cixous. Daqui em diante, gostaria de me deter em um pequeno livro intitulado *Un vrai jardin*,[1] que teve sua primeira edição em 1971 pela L'Herne. A edição com que trabalharei é de 1998,

---

1 H. Cixous, *Un vrai jardin*, 1998.

da editora Des Femmes, o desenho da capa é de Antoinette Fouque e se chama *Jardin premier*. O livro é dedicado a Omi,[2] avó materna de Héléne Cixous e tem apenas 39 páginas. Em *Un vrai jardin*, um "Je"/"Eu" narra a história da criança que, em um tempo indeterminado, foi chamada de porcaria[3] por uma das empregadas que frequentam o mesmo jardim que ela, a criança, e, a partir deste momento, aquilo que estava fora da cerca do jardim – a guerra e as bombas – passa a estar dentro: *"Je pénétrai sans méfiance, c'était un vrai jardin; dès la grille on voyait que la terre existait. Puis la grille se ferma doucement et on* était *dans le jardin. Dehors et assez loin, les gens allaient à la guerre."*[4] [Eu entrava sem desconfiança, era um verdadeiro jardim; da cerca, já se via que a terra existia. Em seguida, a cerca se fechava lentamente e estávamos no jardim. Fora e não muito longe, as pessoas iam à guerra.]

A breve citação já me permite dizer que este livro requer uma dupla leitura. *Dentro*, estaremos confinados ao ponto de vista da criança narrada por esse "Je" quase impessoal, tal leitura imanente deixa o leitor próximo à cifra de um sonho. *Fora*, situaremos este jardim entre outras obras de Cixous no ponto em que enlaces podem ser produzidos. Encontro, neste jardim da infância, umas das mais belas e dolorosas imagens da literatura: em determinado momento, a criança pensa que nem sempre ela esteve só e seu umbigo era a prova disso, a cicatriz é a memória de uma ligação e de um corte. Tomarei esta imagem como método de leitura e tal método não deixa de estar inspirado naquilo que Freud diz em sua carta a

---

2   Ginette Michaud chama a atenção para as consequências de se levar a sério o anagrama entre o nome da avó, Omi, e "moi" (eu). Cf.: "Éphe-mère. Ève s'évade et la ruine et la vie d'Hélène Cixous. 'Lignes fictives'". *Spirale*, n. 231, p. 33, 2010.

3   Mais adiante, citarei o trecho em questão – *"que les gardiens ne devrait pas laisser trainer des cochonneries comme ça"* (Cixous, 1971, p. 13). Cochonneries remete ao mesmo tempo à comida de má qualidade e ao porco, animal impuro para o judaísmo. Expressões ligadas ao porco ainda hoje se mantêm como insulto neonazista.

4   Ibid., p. 11.

Einstein: diante da guerra, nossa tarefa é produzir laços.[5] Assim, entre ciframento e deciframento, passaremos da leitura da criança só no jardim em meio às bombas para a leitura do pequeno livro entrelaçado às questões fundamentais da obra de Hélène Cixous.

O pai como metáfora e o nome perdido

> *J'avais un nom. La ville avait un nom, e tout le monde en avait un sauf le jardin qui s'appelait seulement le jardin parce qu'il n'y en avait qu'un. Comme personne ne m'appelait, mon nom finit para tomber em désuétude. [...] Ainsi je n'avouai jamais à voix haute que j'étais heureux d'avoir pénétré dans le jardin parce qu'il n'avait justement pas de nom et qu'à part les coléoptères, les lépdoptères, les gardiens des allées, les bonnes et les enfants, j'étais seul.*
> *Je n'avais pas toujours été seul, j'avais dû être avec quelqu'un, peut-être même dedans, puisque j'avais un nombril au milieu du ventre, visible à l'oeil nu; mais ce n'était peut-être pas un nombril, je n'étai plus sûr depuis qu'une bonne avait dit en passant devant moi que les gardiens ne devrait pas laisser traîner des cochonneries comme ça.*[6]

Eu tinha um nome. A cidade tinha um nome, todo mundo tinha um, exceto o jardim que só era chamado de jardim porque só havia um. Como ninguém me chamava, meu nome acabou caindo em desuso. [...] Então, nunca confessei em voz alta que estava feliz de ter entrado no jardim porque justamente não tinha nome e que além dos besouros, dos lepdópteros, dos guardas das aléas, das empregadas e das crianças, eu estava só.

---

5   S. Freud, "Por que a guerra?", *O mal-estar na civilização, novas conferências introdutórias e outros textos Sigmund Freud*, 2010, p. 417-435.

6   H. Cixous, *Un vrai jardin*, 1998, p. 12-13.

Nem sempre estive só, devo ter estado com alguém, talvez até dentro, pois tinha um umbigo bem no meio da barriga, visível a olho nu; mas talvez não fosse um umbigo, eu não tinha mais certeza, já que uma empregada disse a eles, passando por mim, que os guardas não deveriam deixar uma porcaria como essa espalhada assim.

O trecho impressiona em sua cifra e naquilo que condensa de problemáticas da obra de Cixous e de obras literárias lidas em seus seminários. Primeiro, nota-se a questão do nome. Há dois movimentos, a passagem do Nome-do-pai aos nomes de ninguém[7] e a desapropriação violenta do nome próprio: primeiro o nome cai em desuso e depois dessa privação do nome a criança é insultada como "porcaria como essa" ("ça"/"isso"). Em seguida, há o abalo causado pela guerra, cujo efeito é de desrealização da própria realidade: a evidência de ter um umbigo passa a ser uma dúvida: é mesmo um umbigo? Mais adiante, veremos como a narradora de outro livro retoma um dizer do irmão segundo o qual a mãe tem como ofício cortar o cordão, referindo-se à profissão de parteira (sage-femme), e acrescenta que seu trabalho era o modo da mãe refazer o ninho no exílio.[8]

Em *Lettres de fuites* [Cartas de fuga], que reúne as aulas dos Seminários de 2001 a 2004, Cixous afirma que a novela intitulada *Coronel Chabert*, de Balzac, é a primeira versão de *É isto*

---

7   Neste ponto, remeto-me ao livro teórico de 1974 intitulado *Prénoms de personne*, em que Cixous lê Freud, Hoffmann, Poe e Joyce, buscando deslocar os paradigmas da castração freudiana e do Nome-do-pai lacaniano para os nomes de ninguém, enfatizando procedimentos de desapropriação e exílio.

8   É preciso evocar mais uma vez o belo ensaio intitulado "Polyphonie polyphênix". Camille Laurens destaca que, na obra de Cixous, sonho e literatura são lugares em que o fim ainda não teve fim, e que essa sobrevivência à morte se faz por meio de cortes e recombinações, por exemplo: em "*Néant*", "nada", pode-se escutar "Né en", "nascido em"; ou, a "cinza", "*cendre*", pode ser transformada em "*nid de cendre*", "ninho de cinza". C. Laurens, "Polyphonie polyphênix" in Marta Segarra (org.), *Hélène Cixous. Corollaires d'une écriture*, 2019.

um homem?, de Primo Levi. Coronel Chabert foi herói de uma das batalhas da expansão napoleônica, a batalha de Eylau. Dado como morto, ele retorna a Paris e procura um advogado para reaver seus direitos (sua mulher está casada novamente e ele perdeu todos os seus bens, vivendo miseravelmente do favor de um leiteiro). A aparição do Coronel é narrada em terceira pessoa, quem o vê é um observador que, diante da figura cadavérica, não encontra a palavra que nomeia:

> Enfim, a ausência de qualquer movimento no corpo, de qualquer calor no olhar combinava com certa expressão de demência triste, com os degradantes sintomas que caracterizam o idiotismo, fazendo daquela figura um não sei quê de funesto que nenhuma palavra poderia exprimir.[9]

Em seguida, o coronel sobrevivente toma a palavra para dizer do depois de sua morte:

> Bom, meu senhor, os ferimentos que sofri provavelmente devem ter me causado tétano, ou me levaram a uma crise análoga a uma doença chamada, creio eu, catalepsia. Senão, como conceber que tenha sido, conforme o uso da guerra, despojado das minhas roupas e jogado na vala comum com os soldados pela gente encarregada de enterrar os mortos?[10]

Enuncia-se, então, em primeira pessoa o impossível:[11] "Gostaria de não ser eu. Há momentos que não sei mais o que ser.

---

9 H. de Balzac, *O coronel Chabert*, 2013, p. 22.

10 Ibid., p. 25.

11 Em *Demorar – Maurice Blanchot* (2015), Jacques Derrida ao ler o pequenino livro testemunhal de Blanchot, *O instante de minha morte*, coloca como questão central do testemunho a sua estrutura ficcional mínima, isto é, a tensão entre o "Eu" e o "Ele", entrelaçando-o à enunciação da morte em primeira pessoa, o impossível. Em várias lições de *Lettres de fuites* (2020b), Cixous se remeterá tanto ao livro de Blanchot, quanto à leitura de Derrida.

Estou morto ou vivo?" A sua mulher ou, mais precisamente, a sua viúva, ele dirá: [...] tenho de voltar para debaixo da terra."[12] E depois ao advogado: "Chabert não! Meu nome é Hyacinthe. Não sou mais um homem, sou o número 164."[13] Ao vê-lo, um dos advogados diz: "E isso vive, e quem sabe isso é até feliz!"[14] Em *coronel Chabert* acompanha-se o processo de identificação ao indefinível *isso*; em *Un vrai jardin* acompanha-se o processo de identificação, pela ausência de nome, entre a criança e o jardim, entre a criança e a porcaria, entre a criança e a terra e, por fim, entre a criança e isso.

Na tentativa de se dar um outro destino que não aquele da dejeção e da expulsão, a criança de *Un vrai jardin* inventa para os guardas que o pai virá buscá-la, mas, quando ela o diz com palavras demasiadamente sofisticadas, nem mesmo ela crê, já que "'Pai' era uma metáfora."[15] Mais adiante, acrescenta dolorosamente: já que não tinha um pai para mim, a ocupação era refletir sobre as origens e suas impossibilidades. Em *Les revêries de la femme sauvage: scènes primitives*[16] [Os devaneios de uma mulher selvagem: cenas primitivas], Cixous reconstrói cenas de sua infância em Alger como que para dar fundamento à frase que lhe é imposta numa noite febril depois de anos de esquecimento: "Todo o tempo que vivi na Argélia, eu sonhava um dia chegar à Argélia."[17] De certo modo, delineiam-se os campos de batalha por onde a menina transita: a casa e seu jardim em Clos-Salembier, o liceu francês, a casa de uma amiga francesa, lugares,

---

12   H. de Balzac, op. cit., p. 72.

13   Ibid., p. 81.

14   Ibid., p. 80.

15   H. Cixous, *Un vrai jardin*, 1998, p. 24.

16   Na resenha de Michaud mencionada anteriormente, ela situa em *Philippines* (alusão ao nome da rua em que ficava a casa de infância de Cixous) a cena primitiva de todas as cenas primitivas, nesta cena estariam o jardim, a cerca e a separação.

17   H. Cixous, *Les rêveries de la femme sauvage: scènes primitives* [Os devaneios de uma mulher selvagem: cenas primitivas], 2000a, p. 9.

e, também, prisões, que lhe são ora permitidos, ora interditados. Destaca-se também o equívoco na escolha que precede a morte do pai, ele, acreditando que a mudança de Oran para Alger, "a galinha que choca os ovos da guerra",[18] seria uma passagem do inferno para o céu, acaba por viver o inverso.

Em relação a uma das cenas primitivas, aquela em que, depois de uma espera angustiada, a mãe dá ao irmão uma bicicleta de menina, a narradora escreve assim:

Nous avons continué à croire au 'ciel', voilà notre erreur or le ciel signifie: une tombe ou une bombe ou une caisse de légumes. Sur la tête. L'enfer c'est ça: la caisse du ciel qui te tombe sur la tête, et juste au moment où tu leves la tête croyant l'heure de voler arrivée.[19]

Continuamos a crer no 'céu', eis nosso erro ou o céu significa: um túmulo ou uma bomba ou uma caixa de legumes. Sobre a cabeça. O inferno é isso: a caixa do céu que lhe cai sobre a cabeça, e justamente no momento quando você a ergue, acreditando que a hora de voar tinha chegado.

Certamente os fragmentos apresentados aqui e a nomeação, por Cixous, de sua relação com a Argélia natal impele-nos a escutar as relações desse lugar originário com o mal, o erro, a errância, a herança. Quanto a mim, não tocarei uma "terra intocável" com os pés descalços, a partir do entrecruzamento de alguns significantes, lançarei mão das reflexões de dois autores que poderiam indicar leituras mais alegóricas de *Un vrai jardin*. Por um lado, partindo da expulsão do jardim do Éden, do mito adâmico, Paul Ricoeur[20]

---

18 Ibid., p. 40.

19 Ibid., p. 30-31.

20 P. Ricoeur, O pecado original: estudo da significação in *O conflito das interpretações: ensaios de hermenêutica*, s/d. Agradeço a Jonas Samudio as indicações preciosas no que diz respeito às questões bíblicas.

pensa as gêneses do mal; por outro lado, partindo do exílio voluntário de Abraão, Betty Fuks[21] pensa a errância judaica e sua relação com a escrita.

Em um capítulo intitulado "O pecado original: estudo da significação", Paul Ricoeur diferencia a leitura da Gnose daquela erigida pela tradição fundada por Santo Agostinho. Para a Gnose, o mal e a culpa remeteriam a perguntas relacionadas ainda ao ventre da mãe (imagem que não deixa de ser evocada pela criança de Cixous através do umbigo): Quem éramos? Quem nos tornamos? Onde estávamos antes? De onde vem o mal? Dentro da perspectiva agostiniana, o pecado original é obra da liberdade, o mal não é ser, mas fazer. Não me deterei nesse confronto, já que Cixous, em *Un vrai jardin*, se vale de significantes que transitam em torno das leituras do pecado original, mas coloca esses significantes a partir da perspectiva da separação, da expulsão, do desamparo, e não do pecado e da culpabilidade. Dito isso, é importante destacar ainda dois pontos, no capítulo supracitado, Ricoeur aponta que, para o teólogo C.H. Dodd, a primeira função do mito adâmico é universalizar a experiência trágica do exílio. Já em "A memória do sofrimento", discurso proferido em uma assembleia para lembrar, numa tarde de *shabah*, os seis milhões de mortos da Shoah, Ricoeur adverte:

> Aprendemos de um narrador judeu como Wiesel que o horrível – a imagem invertida do admirável – tem necessidade ainda maior de ser salvo do esquecimento por meio da memória e da narração.
>
> Vamos além: rememorando e dizendo, não só evitamos que o esquecimento mate as vítimas uma segunda vez; evitamos que a história de suas vidas se torne banal. Esse perigo da banalidade pode ser maior do que o simples esquecimento. Os historiadores, os sociólogos e os economistas

---

21 B. B. Fuks, *Freud e a judeidade: a vocação do exílio*, 2000.

pretendem explicar a tragédia de maneira tão exaustiva que simplesmente se torna um caso de barbárie entre outros. [...] Além das explicações que nivelam e banalizam o acontecimento criminoso ao qual está dedicado este memorial, há explicações que justificam e fazem aparecer os sofrimentos da vítima como se fossem *merecidas*. [...] Não é uma das tarefas desses mitos [que buscam o tempo da origem] explicar por que os homens estão em uma condição tão miserável, explicar por que sofrem? Sob esse aspecto, a Bíblia hebraica não cessa de lutar contra essa tendência regressiva do pensamento mítico, na medida em que a Torah é acima de tudo uma instrução orientada para o futuro, um convite ético voltado para a ação a fazer amanhã ou logo em seguida.[22]

Assim, é possível pensar que, ao colocar a criança entre as bombas, a leitura de Cixous não glorifica e nem faz da origem álibi que justificasse qualquer gesto mortífero, mas interroga as experiências que constituem as gêneses e genealogias de sua história, retirando-as da mudez.

Sua obra traça, com veemência, o ponto que enlaça infância, experiência traumática, mudez e escrita, fazendo da expropriação da guerra não um protesto pela identidade e pela propriedade, mas uma escrita que subjetiva o *isso* para não aniquilar e devastar o sujeito, penso que, nesta direção, poderíamos dizer assim: lá onde a mudez da infância e da guerra estavam, a escrita singular deve advir. Pergunta-se, então, qual a singularidade da escrita de Hélène Cixous? Ou, como ela transformou em palavras e pensamento – isto é, em sua escrita – aquilo que herdou da história da família, mas também da escrita literária num arco espraiado entre guerras de a *Ilíada*, de Homero, passando pelo *Nada de novo no front*, de

---

22 P. Ricouer, *A memória do sofrimento. A hermenêutica bíblica*, 2006, p. 240-241.

Erich Maria Remarque,[23] até *O instante de minha morte*, de Blanchot? Em aliança e em separação.

No capítulo intitulado "O exílio e o estranho", Betty Fuks propõe que o judaísmo de Freud se mantém alheio aos sentidos da religião, da identidade, dos nacionalismos, diga-se de passagem, bem próximo à significação conferida por Cixous ao seu *juifemme* e àquilo que a marca em relação à judeidade de Ève, sua mãe que a todo tempo enfatizou suas experiências sem nacionalidade, fazendo ninho do exílio na Argélia através dos partos feitos na Clínica, o que para ela era o oposto da guerra. Retornarei a isso. Antes, é preciso dizer que Betty Fuks não se deterá no mito adâmico, segundo ela, em consonância com o exílio de Édipo, a expulsão de Adão do jardim do paraíso é efeito de transgressão e punição, enquanto o exílio de Abraão é voluntário: "O êxodo de Abraão, uma vez iniciado, tornou-se uma aprendizagem de Alteridade, isto é, uma experiência de diferenças.[24]

A autobiografia não-escrita pela mãe

Uma autobiografia não-escrita, eis o que poderia ser o livro *Ruines bien rangées* [Ruínas bem arrumadas].[25] Sabe-se que, em francês, ninguém diria *Ruines bien rangées*, pois não há ruínas bem arrumadas. Desse modo, o título nos oferece também uma ruína do sentido previsível e, de fato, inúmeras passagens da obra nos remetem ao sonho como lugar do imprevisível,

---

23 Lembro que Remarque nasceu em Osnabrück e que, em *Défions l'augure* (2018), Cixous afirma que *Nada de novo no front* é o mais belo livro do mundo. (Erich Maria Remarque, *Nada de novo no front*, 2004).

24 B. Fuks, op. cit., p. 77.

25 Entre outros pontos importantes, Marcelo Jacques de Moraes pensará o título e suas dobras em "'Tudo está perdido, guardemos a perda': das ruínas que rangem em Hélène Cixous" in M. Alkimin e E. Ferraz (org.), *Ruína: Literatura e pensamento*, 2022.

incomodamente. Logo na primeira página, a história como guerra aparece cifrada em anos, querendo abarcar 2000 anos antes e depois da guerra de Troia. A narradora não explica, nem decifra, mas, localizamos, rapidamente, suas menções: ano 9, aquele em que os germanos deram fim à ocupação romana; 1648, fim da Guerra dos Cem Anos; 1561 retomada de Argel das milícias, enquanto Oran permanece tomada; 1942, fim do regime Vichy e 2020, ano em que o presidente Emmanuel Macron começa o seu pronunciamento de 16 de março de 2020 com as seguintes palavras: "Estamos em guerra. Em uma guerra sanitária, certamente, não lutamos nem contra um exército, nem contra outra nação, mas o inimigo está aí, e ele avança [...]".[26] Mais adiante em *Ruines bien rangées*,[27] seguindo o avançar do passo de Ève, a ênfase parece se demorar em dois marcos históricos e pessoais: 1938, ano em que a sinagoga de Osnabrück se torna cinzas; 1962, ano da independência da Argélia, que se encontrava em guerra desde 1954, e da primeira prisão de Ève.

Não há cronologia entre esses tempos, os pés de Cixous e as sombras dos pés de Ève percorrem a terra das ruas de Osnabrück, numa espécie de caminhada onírica. Justamente no dia do aniversário da morte do pai, a narradora se encontra em "Osnabrück Rêve/Sonho!", e são muitas as ressonâncias advindas do nome da cidade: o título do livro – *Osnabrück* – ressoa como outro nome de Ève; como a primeira chamada telefônica;[28] como livro que a mãe deixou para ela ler e escrever; como *Osnirique*. Percorrendo uma realidade desrealizada, os espaços também se interpolam, como se evasão e prisão atassem Osnabrück, Oran, Alger. Escreve-se com

---

26 Cf.: Emmanuel Macron: *"Nous sommes en guerre" contre le coronavirus – Covid-19*. Disponível em: https://www.youtube.com/watch?v=5wYyJckGrdc. Acesso em 16 mar. 2024.

27 H. Cixous, *Ruines bien rangées*, 2020a.

28 O leitor de Cixous sabe de seu apreço pelo telefone, sobretudo por tudo aquilo que ela recebeu das chamadas de Jacques Derrida. Cf.: Anne-Emmanuelle Berger, "Appels", op. cit., 2007.

a linguagem dos sonhos, mas também tenta-se delinear, no idioma Cixous, o idioma de Ève.[29] Essa busca pela reconstituição da vida de Ève não é comparada a um retorno, mas a uma arqueologia. Após uma menção à sinagoga incendiada e apagada em suas ruínas bem arrumadas, escreve a narradora:

> *Ces restes soignés, étiquetés enfermés dans une cage c'est un portrait de mes ruines intérieures.*
> *Ève est-elle ma Gradiva?*
> *Je suis son pas rapide depuis que je tiens debout. J'ai toujours fascinée par ses pieds. Exemplaires. Par as capacité vertueuse de se déplacer, d'un quartier à un autre pays, de se déplacer d'um pas ferme, régulier, des pieds confiants, loyaux, costaus comme des boeufs. Par ses godasses.*[30]

Esses restos puros, rotulados trancados em uma jaula, eis um retrato de minhas ruínas interiores.
Ève é minha Gradiva?
Sigo/sou seu passo rápido desde o começo. Sempre fui fascinada por seus pés. Exemplares. Por sua capacidade virtuosa de se deslocar, de um bairro a um outro país, de se deslocar com passo firme, regular, seus pés confiantes, leais, fortes como dos bois. Por seus sapatos.

As memórias de Osnabrück seriam, de fato, não propriamente as da narradora, mas as de sua mãe. Ela recorre à imagem e ao gesto de Champollion e passa a tentar decifrar fotos, listas-notações deixadas por sua mãe que, diz a narradora, não escreveu sua autobiografia. Caberá à filha ler o livro-sonho-hieróglifo-Ève e escrever histórias que foram queimadas, ou que nunca existiram, como quem faz uma triagem de tesouros e cinzas, que a narradora

---

29 Ève, primeiro nome da mãe é um pedaço de évenement, *rêve* e *ever.*

30 H. Cixous, op. cit., p. 78.

se pôs a ler na mãe, Ève, memória de Osnabrück em chamas, história não escrita. Ève é o ponto de sabedoria do fazer da vida cotidiana, tanto que, em uma das suas listas, naquela em que recompõe o processo de sua prisão após a denúncia de uma de suas pacientes, ela escreve "Sel dans la soup" [Sal na sopa], a frase extraída do cotidiano mais prosaico torna-se a *pedra de roseta* que a narradora e seus dois filhos tentarão decifrar.

Diante do enigma materno, a narradora faz girar a frase, se desloca em muitas cenas e em muitos tempos, em mais de uma língua. Recorto um fragmento de *Ciguë: vieilles femmes en fleur* [Cicuta: velhas mulheres em flor], romance de 2008, cujo título, de um só golpe, evoca Sócrates e Proust:

> – *Maman! dis-je. – Je-prends-mon-café! dit ma mère. Cela veut dire: je suis en bom ordre. Elle dit jeprendsmoncafé avec un sourire triomphant de tendresse, c'est une lettre d'amour. Je ela reçois. Un jour j'écrirai le livre des énconcés signés maman, me dis-je, avec traduction, inventaire de leurs emplois secrts, et surtout indication des intonations, toute cette linguistique subtile et singulière, qui fait de la parole de ma mère une composition originale très puissante sous vêtement modeste. Ce sera difficile, entre l'onomatopée et l'épopée, ça s'appelera peut-être* happ, *Happ comme Hou!, comme* Ève! *indiquant la* surprise *le bond brusque de l'happnimal sur la vie, ou le brusque plongeon entre les pattes de la mort, Happ! c'est elle! le mouvement de* saisie *rapide, brutale, que l'on retrouve dans les langues germaniques. –* Happ! *que penses-tu de* happ! *dis-je. Maman lappe son café. – Happ? C'est la moitié de* happy. *Ya que le chien qui hapse comme* ça. *Moi je lappse! Elle rit dans son café.*[31]

– Mamãe! Digo. – Tomo-meu-café! Diz minha mãe. O que quer dizer: estou bem. Ela diz tomomeucafé com um sorriso

---

31 H. Cixous, *Cigüe: vieilles femmes en fleurs* [Cicuta: velhas mulheres em flor], 2008a, p. 84.

triunfante de ternura, é uma carta de amor. Eu a recebo. Um dia escreverei o livro de enunciados assinados mamãe, me digo, com tradução, inventário de seus empregos secretos, e, sobretudo, indicação de entonações, toda esta linguística sutil e singular que faz da fala de minha mãe uma composição original toda potente sob roupas simples. Vai ser difícil, entre a onomatopeia e a epopeia, isso se chamará, talvez, *happ*. Happ como Hou!, como Ève! Indicando a *surpresa* o salto brusco do abocanhanimal sobre a vida, ou o mergulho brusco entre as patas da morte, Happ! É ela! O movimento de *captura* rápido, brutal, que se encontra nas línguas germânicas. – *Happ*! O que você acha do *happ*? Digo. Mamãe lambe seu café. – *Happ*! É a metade de *happy*. Só que o cachorro ofega assim. Quanto a mim, lapso. Ela ri no seu café.

Happ anuncia um possível título para o livro de enunciados da mãe que a narradora deseja traduzir, e ela quer traduzir justamente a entonação. Como no trabalho do sonho, o bisturi não tardou a passar pelas letras e o próprio fragmento aponta que *Happ*, que a narradora lê como indicativo de surpresa em alemão, é metade de *happy*, em inglês. No alemão *Happen*, o que está em jogo é o abocanhar rápido, o francês toma de empréstimo e o transforma em *happer*. Quando a mãe está prestes a morrer, a ameaça é de que a língua alemã também desapareça, ameaça que se materializa na imagem de uma língua cortada. Assim como é cortada a palavra *happy* para se tornar uma interjeição em alemão. *Happ*, quer dizer, *Happy* depois da queda do y. Em outras palavras, não é que a felicidade não exista, é que ela é abocanhada pela morte, passando a existir pela metade, lambida, aos poucos, no café da manhã. Essa cena, aparentemente modesta, mãe e filha tomando café na cozinha, condensa movimentos estruturantes da obra de Cixous. As onomatopeias estão espalhadas pela obra, a epopeia homérica também, mas foi destacada no título de uma obra de 2014, criando uma homofonia perturbadora: *Homère est morte* [Homero (Ó mãe) está morta].

Em *Ecolalias: sobre o esquecimento das línguas*, Daniel Heller-Roazen se dedicará a escrever sobre "os sons de uma fala não humana, que não consegue nem se recordar completamente, nem totalmente esquecer."[32] Entre esses sons estão as interjeições, as exclamações e as onomatopeias. Em um belo ensaio sobre a escuta "do *corpus* no corpo da criança, isto é, sobre o reconhecimento na fala da criança da linguagem inscrita e implantada em seu corpo",[33] Cláudia Lemos recorre a Lacan para dizer desse gozo perdido entre a mãe e a criança que poderá ganhar lugar nos sons da língua, quando o sentido é excluído. Os sons provenientes do corpo da mãe pertencem àquilo que nem pode ser totalmente recordado, nem totalmente esquecido. É certo que fora da poesia, também quando ela transborda na prosa, e da música, toda essa caixa sonora fica recoberta, esquecida, recalcada pelas palavras distintas do hábito. Como se o corpo da mãe devesse ceder lugar aos nomes do pai, estrada da lei, vereda do sentido. Quando algo do *infans* aparece somos remetidos, em choque, à opacidade das bordas do sentido. É o que, em sua dobra trágica, mostra a literatura de Hélène Cixous diante do fim sem fim de Ève, sua mãe, quando ela se torna o bebê de sua filha.

No romance de 2014, diante da iminência da morte: "Ela me faz mãe da criança morrendo que ela é."[34] No entanto, diante dos sons que a mãe/bebê emite – *ah, meajude* – a filha/mãe escuta um grito de órfã. Segundo ela, as vocalizações e os sons sem possibilidade de significação são *"la langue de détresse"*[35] [a língua de angústia]. É sobre as ruínas que se vê o mundo como um recém-nascido, onde tudo é hieróglifo, e escreve-se o corpo da criança, escreve-se o corpo da mãe desde sempre em pedaços. As ruínas pedem leitura

---

32   D. Heller-Roazen, Ecolalias: sobre o esquecimento das línguas, 2010, p. 15.

33   C. T. G. de Lemos, "Corpo e corpus" in N. Leite, *CorpoLinguagem: gestos e afetos*, 2003, p. 22.

34   H. Cixous, *Homère est morte*, 2014a, p. 24.

35   Ibid., p. 113.

demorada. Como um rosto de mãe, doador de morte, doador de vida, escutemos mais uma vez: *"Le visage primitif a* été *celui de ma mère. Sa face pouvait à volonté me donner la vue, l avie, mes les retirer."*[36] [O rosto primitivo foi o de minha mãe. Sua face podia me dar, à vontade, a vista, a vida, e as retirar.]

Shoshana Felman, no ensaio intitulado "What does a Woman Wants? The Question of Autobiography and the Bond of Reading" [O que quer uma mulher? A questão da autobiografia e o laço da leitura], afirma que "se Eu não posso escrever minha história (não possuo a minha própria autobiografia), posso lê-la no Outro."[37] O que a ficção de Cixous escreve são também autobiografias daqueles que não podem falar, significar, escrever, nem parar de viver, nem de morrer: a criança, a mãe.

Ève assume muitas formas e, por assim dizer, a literatura torna-se recurso de leitura do enigma-sonho-hieróglifo Ève, essa sobrevivente de tantas batalhas, cujas malas não eram de viagem, mas de mudança, sem retorno. Malas também grávidas de manuscritos. O leitor de Cixous reconhece nessa composição dos trajetos de leitura da mãe um procedimento estrutural de sua escrita: o ir e vir, a passagem do ilegível ao legível, do não-escrito para o escrito, sem nunca se chegar a qualquer legibilidade completa já que o legível sempre decifra para novamente cifrar o ilegível. O ilegível não tarda a abocanhar o legível – *Happ!* E se "Tudo está perdido, guardemos a perda",[38] diz ela ao final da autobiografia alemã que é a história de sua relação com a língua alemã, isto é, a língua de Ève e da infância.

O sonho, a cena primitiva, os elementos literários, psicanalíticos e as cenas de leitura abocanhadas do *corpus* da Desconstrução são formas para a perda ilegível, e para a perda da legibilida-

---

36   H. Cixous, "La venue a l'écriture", 1986, p. 11. [Ed. bras.: *A chegada da escrita*, 2024, p. 9].

37   S. Felman, *What does a Woman Wants? Reading and Sexual Difference* [O que quer uma mulher? A questão da autobiografia e o laço da leitura], 1993, p. 17, tradução minha.

38   H. Cixous e C. Wajsbrot, 2016b, p. 108.

de. Numa mão a perda, na outra a escrita. É o ainda-não-escrito, como resto e causa, que retorna, é a voz, agora espectral, que diz: Leia-me de novo, na sua língua, que é sempre estrangeira e está sempre na iminência de ser mordida, abocanhada, cortada – *Happ!* Se escrevo, diz ela quando a escrita vem vindo, olho a perda nos olhos e o outro está a salvo, na letra e no corte: *Hache!* (do sentido, importa guardar a referência à lâmina picante) Primeira letra do nome de Hélène, este objeto cortante que Derrida diz que é para a vida, e não só no título *H.C. pour la* vie, *c'est à dire*, quando letras e sons compõem um verdadeiro palimpsesto de homofonias e ressonâncias.

Isso posto, recorro à *Letra a letra*, de Jean Allouch, que em consonância com *Ruines bien rangées* também se dedica ao trabalho de Champollion para melhor formular uma hipótese. Escreve ele: "Ler com o escrito é essa maneira de ler que dá à leitura valor de deciframento, formulando a equivalência da cifração (esta é a função do escrito posto em jogo) e do deciframento."[39] Pois bem, se ler com o escrito é decifrar e engendrar uma nova cifra, penso que Cixous nos permite deslocar a questão para o modo como a leitura se faz também com o ainda-não-escrito.

Para Cixous, e aliás também para Shoshana Felman, a diferença sexual não é para ser vista, é para ser lida, decifrada e cifrada em um novo ato de nascimento e de sobrevivência. O ato pode ser interpretado como ato de leitura que funda uma escrita que, na verdade, é uma carta ditada por um Outro, recebida e reinventada pela mão que escreve. No princípio, não era o meu ato, torno-me escritora e intérprete de um ato em que não fui autora originalmente. Recebo o choque ditado e dou forma através de minha memória literária. A escrita de Cixous, seu idioma, se compõe na medida em que a narração recebe palavras citadas, recitadas, ressuscitadas, em que se dá a permissão humilde para escrever aquilo que vem da própria língua, do sonho, da literatura,

---

39 J. Allouch, *Letra a letras: transcrever, traduzir, transliterar*, 1995, p. 109.

da história e do próprio destino, recompondo a existência de Ève, como vemos em *Homere est mort*:

> *Dans mille ans on pourra reconstituer l'existence d'une Femme qui vivait en Europe, quatre cents ans après Shakespeare, à peau près de Kafka et du telefone portable. Elle écrivait sur les portes de as demeure des recommandations et des adresses pour la vie courrante. [...] Ève aura perpétuellement gardé près d'elle des manuels de survie.*[40]

Em mil anos poderemos reconstituir a existência de uma mulher que viveu na Europa, quatrocentos anos depois de Shakespeare, próxima à época de Kafka e do telefone celular. Ela escrevia sobre as portas de sua morada recomendações e endereços para a vida de todo dia. [...] Ève terá guardado, perpetuamente, com ela os manuais de sobrevivência.

A infância, a terra, a guerra, as feridas que não se fecham[41]

Há um belo ensaio de Hélène Cixous intitulado "Celle qui ne se ferme pas"[42] [Aquela que não se fecha], em que ela lerá o trajeto da filosofia e da vida de Jacques Derrida a partir das estigmatas

---

40   H. Cixous, 2014, p.64.

41   O título desta parte emergiu de um livro citado por Cixous em *Lettres de fuite*, a saber: *Terra e cinzas: um conto afegão*, de Atiq Rahimi. Nele, um avô atravessa o Afeganistão com seu netinho emudecido para dar ao filho, pai da criança, a notícia de que depois de um bombardeio toda a família está morta, exceto eles. A. Rahimi, *Terra e cinzas: um conto afegão*. 2002. Esta parte homenageia também o filme *Alemanha, ano zero*, 1948, de Roberto Rossellini, as imagens e o destino de uma criança errando pelas ruínas de uma Alemanha destruída condensam muitos elementos aqui discutidos. O filme é evocado nas aulas de Cixous, mas chegou primeiro até mim através de uma chamada telefônica com Cláudia Lemos.

42   H. Cixous, "Celle qui ne se ferme pas" in Mustapha Cherif (ed.), *Derrida à Alger; un regard sur le monde*, 2008b.

engendradas pela História da Argélia e do nazismo. Em certo ponto, Cixous diz que seu livro *Les rêveries de la femme sauvage – scènes primitives*[43] seria um equivalente de *O monolinguismo do outro ou a prótese da origem*.[44] Essas autobiografias incomuns colocam em cena a experiência traumática e suas várias modalidades de escrita que serão exaustivamente trabalhadas pelos autores em questão. As guerras mundiais e as guerras coloniais, que compõem a História, entrelaçadas aos eventos singulares são experiências que recebem esses nomes: escara, ferida, estigmata, fazendo com que a filosofia não possa mais "pensar sem dor", de acordo com Dawson, Hanrahan e Prenowitz na abertura da publicação editada por eles intitulada: *Cixous, Derrida, Psychoanalysis*.

Lembremos que, em *Circonfissão*, o traumatismo gira em torno de como escrever uma cena, não vista e constituinte para um sujeito, em que justamente o *Eu* estava ausente e o sujeito ocupava o lugar passivo de objeto. A mãe inscreve a circuncisão no corpo do filho, e jamais lerá uma linha de seu *corpus* filosófico, Derrida o confessa a Geoffrey Bennington, mas ali justamente onde a mãe não escuta. "Como suas mãos são finas, minha sobrevivente, e, mesmo assim, elas me separaram de você e me circuncidaram."[45] As duas palavras, circuncisão e confissão, em um gesto desconstrutor, aparecem e desaparecem em uma palavra só, Derrida soletra: *circonfissão*, mais de uma palavra, mais de uma língua, mais de uma lei, Derrida e Santo Agostinho. Judeu-franco-magrebino. *Circonfissão* é uma escrita deixada por J.D. a partir da impressão *deixada* nele, modo de imprimir seu corpo marcado pela mãe em seu corpo e no *corpus* da desconstrução.

O filho, diante da carne-viva da mãe, introduz um desejo de fala e um vínculo entre a escara e a *scar*, a cicatriz inglesa, entre escara e Ester, o nome da mãe, entre escara e escatologia.

---

43   H. Cixous, *Les rêveries de la femme sauvage: scènes primitives*, 2000a.

44   J. Derrida, *O monolinguismo do outro ou a prótese da origem*, 2001.

45   G. Bennington e J. Derrida, *Jacques Derrida*, 1996, p. 156.

O filho ata a ferida à linguagem, e, assim, a escara será também o lugar vivo "fervilhante de homonímias".[46] Fazer falar a escara e, ao mesmo tempo, a espera pela cicatrização, será um movimento que perpassa não somente um dos períodos, mas boa parte do texto de *Circonfissão*. Em *Portrait de Jacques Derrida en jeune saint juif*[47] [Retrato de Jacques Derrida como jovem santo judeu], Cixous afirmará que ele, Jacques, fala como se uma ferida sem remédio falasse e que há uma dupla cena primitiva: a da circuncisão em que Jacques Derrida, com sete ou oito dias, está ausente e a da recircuncisão, em que em seu leito de morte, a mãe esquece o nome do filho.

Em o *Monolinguismo do outro ou a prótese da origem*,[48] Derrida escreve que o que está em questão não é a autobiografia, mas aquilo que faz obstáculo à autobiografia como gênero bem demarcado. Essa impossibilidade de demarcação causa, por assim dizer, um excedente de memória e a própria pulsão genealógica. O autobiográfico excede os seus próprios limites fazendo com que compareçam o poema e o teatro trágico. Cixous não prescindirá da beleza para escrever que Derrida é "um poeta da dança do escrito com o ouvido e é também um implacável poeta do inconsciente."[49] Ela também o é.

Na leitura, aliás bastante joyceana, que fará de algumas perífrases de *Circonfissão*, Cixous extrai padrões sonoros que sustentarão aquilo que ela montará como cena primitiva, como atos trágicos. Do nome *Jackie Élie*, Cixous extrairá o *e* e o *elle*, marcas do feminino em francês, para dizer que a primeira tragédia está no nome feminino recebido da mãe. Mais tarde, quando for publicar seus estudos sobre a geometria de Husserl, ele se renomeará Jacques. Outra tragédia é que Jackie está localizado

---

46 Ibidem, p. 74.

47 H. Cixous, *Portrait de Jacques Derrida en jeune saint juif*, 2001.

48 J. Derrida, *O monolinguismo do outro ou a prótese da origem*, 2001.

49 H. Cixous, op. cit., p.16.

entre dois irmãos mortos (*deux meurent*), como se fosse um intruso no inconsciente da mãe e destinado a substituir o insubstituível. Os leitores da desconstrução sabem do valor constitutivo do luto e do suplemento na filosofia, na vida, de Derrida.

Ainda em *O monolinguismo* ..., Derrida se deterá longamente na circunscrição do traumatismo, segundo ele em seus efeitos indefinidos, ao mesmo tempo, estruturantes e desestruturantes. A partir da singularidade de sua origem marcada pela pluralidade – judeu-franco-magrebino, e pela segregação, o que faz obstáculo não só à autobiografia, mas à identidade, Derrida fará a questão girar predominantemente em torno da língua como traumatismo:

> O monolinguismo do outro tem certamente o rosto e os traços ameaçantes da hegemonia colonial. Mas o que nele permanece inultrapassável qualquer que seja a necessidade ou a legitimidade de todas as emancipações, é muito simplesmente o "há língua", "há a língua que não existe". Não existe doravante, nunca existe ainda. Que tempo! Que tempo faz, que tempo faz nesta língua que não chega a tempo.[50]

Indiquei que o Jardim e a criança eram de uma mesma substância: terra e bombas, terra e guerra. Doravante, a partir dessa língua que "não chega a tempo", a tempo de dizer o evento traumático, e a criança, diante dele, tem os olhos nus, gostaria de me deter mais diretamente no laço entre a guerra, infância e desamparo. Na lição que abre *Lettres de fuites*, em 10 de novembro de 2001, escuta-se:

> [...] *le 11 novembre m'apparaît commme porteur d'une charge tout à fait tragique. Parce que c'est justement la fin d'une guerre dont la fin ne peut* être *pas une fin. On sait bien sûr que la fin de la Première Guerre mondial a engendré toutes les autres guère. Je*

---

50 J. Derrida, op. cit., p. 102.

suis une enfant de guerre, je suis l'enfant de La Deuxième Guerre mondial, que j'ai vecue petite fille, de manière três precise – je peux vous raconter les bombes.[51]

[...] o 11 de novembro me aparece como portador de uma marca trágica. Porque é justamente o fim de uma guerra que o fim não pode ter um fim. Sabemos claro que o fim da Primeira Guerra mundial engendrou todas as outras guerras. Fui uma criança da guerra. Sou uma criança da guerra, a criança da Segunda Guerra mundial, eu a vivi menininha de uma maneira muito precisa – posso contar a vocês das bombas.

Digamos que o que vem em seguida insiste justamente neste "posso contar a vocês", Cixous dirá que – e a *Ilíada* é seu ponto originário – há uma narrativa da guerra, um contar a morte como direito à sua própria morte. Lembra ainda que o seu último livro naquela ocasião – *Benjamin à Montaigne, Il ne faut pas le dire*[52] [Benjamin para Montaigne: não se deve dizer] – vai dizer justamente porque não é preciso dizê-lo. Algumas páginas adiante, depois de passar por Bin Laden, Proust, Kafka e Balzac, Cixous chega a Thomas Bernhard, isto é, ao lugar de onde se extraiu o título dessa primeira lição: "Une main d'enfant arraché à un enfant." [Uma mão de criança decepada a uma criança.] A formulação pertence ao relato autobiográfico traduzido, por Sergio Tellaroli, como "A causa", nele, o narrador recorda os seus anos de internato numa Salzburg nazista e católica em que o suicídio fazia parte não somente de suas meditações habituais, como também infestava a cidade nomeada como "doença fatal". Até meados de outubro de 1944, nenhuma bomba havia caído sobre sua mortífera cidade natal, mas no dia 17, ao meio-dia, o bombardeio aconteceu:

---

51 H. Cixous, *Lettres de fuites*, 2020b, p. 19-20.

52 H. Cixous, *Benjamin à Montaigne, Il ne faut pas le dire* [Benjamin para Montaigne: não se deve dizer], 2001.

Vimos de súbito os primeiros sinais da destruição: as ruas estavam cheias de escombros, pedaços de vidro e alvenaria, e o cheiro peculiar da guerra total pairava no ar. Uma bomba certeira reduzira a chamada casa de Mozart a uma montanha fumegante de entulho, [...] eu era confrontado com a brutalidade absoluta da guerra, [...] e foi então que divisei todo desamparo de quem, de súbito e de imediato, se vê no meio da guerra, o ser humano abandonado e humilhado por completo, que toma consciência repentina de seu próprio desamparo e de sua falta de sentido. [...] eu pisara num objeto macio; ao olhar para ele, acreditei tratar-se da mão de uma boneca, e também meus colegas de internato acreditaram tratar-se da mão de uma boneca, mas era a mão decepada de uma criança. Foi somente a partir da visão da mão de criança que o primeiro bombardeio dos aviões sobre minha cidade natal transformou-se, de uma sensação capaz de deixar em agitação febril o garoto que eu era, numa violência aterradora, numa catástrofe.[53]

Gostaria que essa cena atasse as perdas do nome em *Un vrai jardin* e em *Coronel Chabert*, à angústia diante do não sentido emitido pelas partidas de Ève, para dizer que a criança no campo de batalha é a criança desamparada, talvez ainda sem corpo próprio, à beira dos nomes e das marcas que lhe vêm do Outro: as bombas, as maldições, as nomeações e expropriações do nome, as circuncisões, os exílios. Em muitos de seus escritos, mas penso principalmente em *O que resta de Auschwitz*[54] e em *Infância e História*,[55] Giorgio Agamben propõe-se, eticamente, a entrelaçar as experiências mudas – a infância, neste, ou o campo de concentração, naquele – à

---

53 T. Bernhard, "A causa" in T. Bernhard, *Origem*, 2006, p. 136-139.

54 G. Agamben, *O que resta de Auschwitz: o arquivo e a testemunha (Homo Sacer III)*, 2008.

55 G. Agamben, *Infância e história: destruição da experiência e origem da história*, 2008.

linguagem, indicando que essas experiências dessubjetivantes, que não se vive como sujeito, requerem uma subjetivação, no sentido de que a responsabilidade pela posição subjetiva coincide com o ponto em que justamente estou excluído como sujeito. Gostaria de lembrar que Jean Améry, no prefácio à primeira edição de *Além do crime e castigo*[56] relembra o percurso de sua escrita dizendo que foi só nele, e não previamente, que se deu a constatação de que não poderia escrever de um ponto de vista objetivo, evitando o eu. Ao contrário, o "eu era o único ponto de partida útil", e o endereçamento deveria ser aos alemães que achavam que Terceiro Reich não lhes dizia respeito. Aliás, Cixous nos diz, seguindo Ingerborg Bachmann, que Auschwitz está em cada um de nós, o que no livro de Agamben está posto na forma de sonhos repetitivos de Primo Levi: "Não se pode querer que Auschwitz retorne eternamente porque, na verdade, nunca deixou de acontecer, já se está repetindo sempre."[57] Notem a partícula apassivadora que impessoaliza a frase. Neste caso específico, tal impessoalização perpetuaria a violência do sem nome, sem corpo, da mão de criança decepada que dá forma ao desamparo e à exclusão radical do sujeito da linguagem, em suma, é a aniquilação do *sujeito falante*. Como, então, transformar a experiência muda em experiência do sujeito falante? A pergunta, a partir de Derrida, poderia ser também formulada desta maneira: como, então, transformar o traumatismo, isto é, aquilo que, enquanto desapropriação radical do sujeito, faz obstáculo à autobiografia

As formulações de Cixous em *Portrait de Jacques Derrida en jeune saint juif* evocadas acima, bem como a sua própria prática de escrita, permitem-me responder que, ao incluir o trauma – a criança no campo de batalha – inclui-se o poema, isto é, a secundarização do sentido em nome da sonorização da língua para dar a ver o desamparo primordial e problematizar a perda e a destrui-

---

56   J. Améry, *Além do crime e castigo: tentativas de superação*, 2013.

57   G. Agamben, 2008a, p. 106.

ção da origem. Em outras palavras, o originário ganha forma no corpo da mãe, no corpo da criança, nos sons da língua que não foram capturados pelo sentido. Para Cixous, singularmente, suas gêneses e genealogias atam-se indissociavelmente à terra natal, às guerras, à errância da mãe judia-alemã exilada na Argélia, à morte do pai que antes da tuberculose já tivera uma primeira morte ao ser impedido de clinicar devido à ocupação nazista. As feridas históricas e as feridas familiares, as feridas da infância e as feridas da guerra são transmitidas através de ciframentos e deciframentos, na língua do sonho e nas palavras cortadas, sonorizadas. reencenando a cada vez que se escreve com a mão da criança decepada, sem calar (*taire*) se dá uma outra terra (*terre*) para o horror.

Sair da escuridão[58] é o título da carta de Georges Didi-Huberman ao criador do filme *O filho de Saul*, László Nemes. Nesse filme perturbador, Saul, um membro *Sonderkommando*,[59] revolta-se quando um médico nazista ordena a abertura do corpo de uma criança judia morta; diante dessa ordem, ele desobedecerá e buscará dar um túmulo para a criança. Escutemos os paradoxos indicados por Didi-Huberman:

> *Sair da escuridão* seria então, para Saul, tentar, custe o que custar, evitar o despedaçamento anatômico da criança, poupá-la do antro atroz do forno crematório e da dispersão anônima das cinzas pelo Vístula. *Sair da escuridão* significaria aqui resistir à inexistência do morto: daí a exigência, para que o morto exista, de um ritual, de uma oração adequada, de um rabino e, sobretudo, de uma inumação digna. Tirar a criança morta da escuridão: tal é o paradoxo, já que tudo isso será tentado para

---

58   G. Didi-Huberman, *Sair da escuridão*, 2021.

59   Em vigência de 1942 a 1945, sob ordem dos nazistas, a palavra refere-se a grupos formados por prisioneiros judeus para trabalhar na máquina mortífera dos campos de extermínio.

dar a ela uma terra para descansar. Mas não haverá nem terra onde descansar, nem *kaddish*, nem rabino por fim.[60]

Lembremos que Cixous situa a criança morta na zona do insublimável e, no entanto, é tarefa de sua escrita dar hospitalidade às tensões indicadas na citação de *Sair da escuridão*. As cenas literárias, filosóficas, psicanalíticas trazem vida às palavras e fazem barreira ao pior que é a escuridão sem nome, horror do que não poderia ser lembrado e que, portanto, estaria destinado à repetição traumática. Dito isso, podemos seguir no encalço das formas para o luto, para o sonho, para a recordação.

---

60   Ibid., p. 13.

MOLÉCULA PROUST, UM VASTO CEMITÉRIO CHEIO DE VIDAS

com
Francisco Renato de Souza

"[...] *um livro é um vasto cemitério onde na maioria dos túmulos já não se leem as inscrições apagadas. Por vezes, ao contrário, lembramos perfeitamente o nome, mas sem saber se algo da criatura que o usava sobrevive nestas páginas. Estará aqui a moça de olhos fundos e voz arrastada? E, se se encontra mesmo aqui, em que lugar já não sabemos; e como descobri-la sob as flores?"*
Marcel Proust, *O tempo recuperado*

"Je ressentis um trouble, des odeurs, de géraniums, d'orangers, une sensation d'extraordinaire lumière, de bonheur." Cette frase était de Proust, cette sensation était de moi, [...]" [Senti uma aflição, odores de gerânio, laranjeira, uma sensação de luz extraordinária, de felicidade[1]. Esta frase era de Proust, a sensação era minha.]
Hélène Cixous, *Philippines: prédelles*

Em *Ève s'évade – la ruine et la vie*,[2] as vozes da narração transformam dois nomes próprios e dois substantivos em neologismos. Omi, o nome da avó de uma dessas vozes, se torna

---

1   M. Proust, "Projetos de Prefácio", in *Contra Sainte-Beuve*, 2022, p. 2.

2   H. Cixous, *Ève s'évade: la ruine et la vie*, 2009a.

omificada (*omifiée*) e *Omificação* (mais precisamente, um *coup de Omification*) e Bergotte, nome do personagem escritor da *Busca* se tornar *bergotar* (*bergotter*). Já a palavra *rêvasion*, aglutinando sonho e evasão, ganha destaque no encarte que acompanha o livro e condensa uma conferência de Freud e algumas cenas autobiográficas. Dizemos "as vozes" porque passar à literatura de Cixous é enfrentar radicalmente a pergunta: quem fala? Além de escutarmos a voz de Ève, a mãe da narradora, escutamos também a voz de Freud às vésperas de sua morte e a do narrador de *Em busca do tempo perdido*, de Marcel Proust, que parece vir da casa das máquinas do romance. Este ensaio propõe-se a pensar o modo através do qual a narradora recita *Em busca do tempo perdido* e "O sonho do prisioneiro", de Freud, e faz do ato de ler o personagem principal do livro.

Comecemos pelas primeiras linhas:

> *Jour de Souffrance*
> *C'est donc la Nouvelle Vie, que je vois. Son visage tout vieux où brille l'éternelle jeunesse. Juste devant moi et prise d'une précipitation. Je vis que je voyais le temps tomber.*
> *Cette* émotion.
> [...]
> *Assise en face de maman qui brusquement n'était plus maman, mais Omi elle-même – [...]*
> *'Je veux une deuxième tartine', dit maman omifiée.*[3]

> Dia de sofrimento
> É, então, a Vida Nova, o que vejo. Seu rosto todo velho onde brilha a juventude eterna. Precisamente diante de mim e pego de pressa. Vejo que via o tempo cair.
> Esta emoção.

---

3   Ibid., p. 9-11. Neste capítulo, as traduções de H.C. são de minha responsabilidade e de Francisco Renato de Souza.

[...]

Sento em frente à mamãe que bruscamente não era mais mamãe, mas a própria Omi – "Quero uma segunda torrada", diz mamãe omificada.

O livro começa pelo tempo que tomba e pelo choque da aparição. Ève se omifica e se torna a avó, Omi. Se a mãe é a avó – quem é a filha e quem é a neta? Num outro giro da escrita, a narradora passa a ser a mãe da menina de seis anos que Omi se torna ao fim da vida. Para escrever esse choque que leva ao mais terrível, e que apaga distinções e lugares organizados,[4] a escrita chama por outras escritas. Há a presença de Proust e de Derrida, como evocações mais ou menos veladas; de Montaigne, de Rubens, de Moritz von Schwind e de Freud, como citações diretas. Virgílio, Dante, Balzac também estão muito presentes. Através desses nomes, arrisca-se uma forma para essas cenas entre mãe e filha, em que se entrelaçam a morte, o sonho, o sexo e a sua face *palimpsestuosa*,[5] o que se figura no quadro de Rubens, *Cimon et Pero*. O primeiro capítulo é especialmente de difícil leitura, pois o tempo das coisas sucessivas é o que tomba. Assim, o tempo passa a ser aquele que abole a separação ente vida e morte e as palavras parecem omissas ao deslizarem sobre o esquecimento e sobre a ruína. Perde-se o tempo sucessivo e a sintaxe é perturbada, assim como a surdez da mãe fragmenta as palavras e promove, por vezes, uma escuta ininteligível delas.

A fragmentação não incide somente nas palavras do relato que repetiriam a fragmentação da fala da mãe, ela incide também nas cenas da literatura que se estilhaçam, se transformam em Outra cena, em cena parcialmente inconsciente, e dão for-

---

4 Em *Osnabrück*, a narradora escreve que essa tragédia genealógica é desencadeada pela morte do pai: "Como posso ser a filha de minha mãe já que sou eu mesma meu pai e a filha de meu pai?" (1999, p. 106).

5 Neologismo de Leda Tenório da Motta (1999) para pensar as relações entre *A comédia humana*, de Balzac, e *Em busca do tempo perdido*, de Proust.

ma ao *choque da aparição*. Façamos presente aquilo que, em *Ève s'évade*, sofreu um processo de apagamento, revisitemos as cenas proustianas.[6]

Omifiée, Omification

A primeira paragem é *O caminho de Guermantes*, terceiro volume de *Em busca do tempo perdido*. Pode-se dizer que seu eixo consiste nas relações entre o narrador e a família de Guermantes, entretanto, destacaremos a cena em que a avó está em Paris e o neto em Doncières, eles se falam pelo telefone, naquela época ainda de uso restrito:

> E logo que nosso chamado ressoou, na noite cheia de aparições para a qual só nossos ouvidos se abrem, um leve ruído – um ruído abstrato – o da distância suprimida – e a voz do ser amado se dirige a nós. [...] Presença real a dessa voz tão próxima – na separação efetiva! Mas também antecipação de uma separação eterna! [...] A voz era doce, mas também como era triste [...] frágil à força da delicadeza, parecia a todo instante prestes a quebrar-se, a expirar em um puro correr de lágrimas [...] Eu gritava: Vovó, vovó, e desejaria beijá-la; mas, perto de mim só tinha aquela voz, fantasma tão impalpável [...] Vovó, vovó, como Orfeu, sozinho, repete o nome da morta. [...][7]

O trecho repete, antecipa e condensa. Repete o apelo à mãe que não responde. E, se aqui a avó ainda viva já aparece como

---

6 O leitor encontrará uma leitura preliminar dessas cenas em: Flavia Trocoli, "Memória de Marcel Proust e de Jacques Derrida em *Hyperrêve* de Hélène Cixous" in J. P. Faria, J. C. Santana e L. Nogueira (org.). *Linguagem, arte e o político*, 2020.

7 M. Proust, *O caminho de Guermantes*, p. 116.

fantasma, em *Albertine desaparecida*,[8] a amada já morta estará mais viva do que nunca. Com isso, o narrador quebra qualquer ilusão de realidade objetiva, a perda sobre a qual se funda o romance moderno também funda a realidade como realidade psíquica: a zona de indecidibilidade fantasmagórica entre a morte e a vida põe por terra algumas vigas de sustentação do romance realista tradicional. Continuemos a ler:

> Infelizmente, esse fantasma, foi ele mesmo que avistei quando, ao entrar no salão sem que minha avó estivesse avisada de meu regresso, a encontrei lendo. [...] eu que nunca a vira senão em minha alma, sempre no mesmo lugar do passado, [...], eis que avistei no canapé, à luz da lâmpada, rubra, pesada e vulgar, enferma, devaneando, passeando por um livro os olhos um tanto alucinados, uma velha acabada que eu não conhecia.[9]

Neste ponto insuportável, a narrativa sofre um corte e o narrador volta a falar da senhora de Guermantes, e será uma centena de páginas depois que a avó morrerá:

> Nesse momento, minha avó abriu os olhos. Precipitei-me para Françoise a fim de lhe ocultar as lágrimas, enquanto meus pais falavam à doente. O rumor de oxigênio silenciara, o médico se afastou da cama. Minha avó estava morta. [...] A vida, ao se retirar, acabava de carregar as desilusões da existência. Um sorriso parecia pousado sobre os lábios de minha avó. Sobre aquele leito fúnebre, a morte, como um escultor da Idade Média, deitara-a sob a aparência de uma mocinha.[10]

---

8   M. Proust, *A fugitiva: Albertina desaparecida*, 2021.

9   Ibid., p. 119.

10   Ibid., p. 289.

O leitor não terá esquecido das primeiras linhas que citamos do romance de Cixous: "seu rosto velho onde brilha a eterna juventude." A dor insuportável permanece sem comentário e é suspensa. A morte não se faz a um só tempo, ela demora. Será somente no volume seguinte, em *Sodoma e Gomorra*,[11] que o narrador poderá, enfim, perder sua avó, o instante de sua morte será representado em um só-depois:

> [...] e assim, num desejo louco de precipitar-me em seus braços, não era senão naquele instante – mais de um ano após seu enterro, devido a esse anacronismo que tantas vezes impede o calendário dos fatos de coincidir com o dos sentimentos – que eu acabava de saber que ela estava morta.[12]

Na narrativa, o golpe da dor é seguido de um sonho, afinal o trabalho de luto é também um trabalho do inconsciente. Em sonho, a avó ainda existia, porém permanecendo inacessível ao narrador, impossibilidade que se faz, em grande parte, pelo interdito paterno:

> E foi também soluçando que eu disse a meu pai: 'Depressa, depressa, o seu endereço, leva-me'. Mas ele: 'É que... não sei se poderás vê-la. E depois, bem sabes, está muito fraca, muito fraca, já não é mais ela mesma. E creio até que te seria penoso. E não recordo o número exato da avenida'.[13]

Em seguida, na angústia do despertar do sonho em que perdera mais uma vez a avó, o neto então constata a sua ausência definitiva, ao se deparar com a divisória dos quartos que, como um fio de telefone, fazia com que ambos se comunicassem com perfeita compreensão na sua primeira estadia em Balbec, através de três

---

11 M. Proust, *Sodoma e Gomorra*, 2008.

12 Ibid., p. 192.

13 Ibid., p. 198.

leves batidas que estabeleciam a comunicação inconfundível entre a avó e o seu pequeno e aflito neto, fio que agora, no entanto, estava para sempre cortado:

> [...] não ouviria nenhuma resposta e minha avó não mais chegaria. E eu nada mais pedia a Deus, se é que existe um paraíso, senão dar contra aquela divisão as três pequenas batidas que minha avó reconheceria entre mil, e às quais responderia com aquelas outras batidas que queriam dizer: "Não te inquietes, meu ratinho; compreendo que estejas impaciente, mas não demoro", e que me deixasse ficar com ela toda a eternidade, que não seria muito longa para nós dois.[14]

Assim, a antecipação da separação eterna prenunciada no telefonema de Doncières se confirma, e Orfeu continua a perder Eurídice no decorrer das milhares de páginas da *Busca*. Entrementes, uma nova configuração da avó se fará na narrativa, pois, na sequência do seu luto, a dor pela perda da avó dará reconhecimento ao que o narrador compreende ser a verdadeira dor, a dor da filha pela perda da mãe, ou melhor dizendo a dor da sua mãe pela perda da sua avó. Detalhe de linhagem genealógica, todavia, dispensável, uma vez que a narrativa proustiana prefigura o choque da perda pelo ente querido através da *Omificação* que se apresenta na figura da Mãe-Avó: "Mas sobretudo, logo que a vi entrar com o seu manto de crepe, apercebi-me – coisa que me havia escapado em Paris – que não era mais a minha mãe que eu tinha diante de meus olhos, mas a minha avó."[15]

Na continuidade da presença da avó morta na imagem da mãe (ainda) viva, retomamos o questionamento inicial feito neste ensaio do lugar destinado à filha a partir da transformação de Ève em Omi: quem o narrador proustiano passa a ser, em relação

---

14   Ibid., p. 199-200.

15   Ibid., p. 206.

à figura unificada de sua(s) progenitora(s)? Pois, uma vez a mãe tornada a avó, é a si mesma que ela se endereça (*lettre*) quando se remete ao filho (*l'être*): "Em cada uma das três cartas que recebi de mamãe antes de sua chegada a Balbec, ela citou-me madame de Sévigné, como se as três cartas fossem dirigidas, não por ela a mim, mas por minha avó a ela."[16]

Em seguida, o narrador buscará atenuar o sofrimento pela morte da avó no prazer do convívio com Albertine, prazer que parece interrompido pela revelação dela sobre um convívio íntimo com a srta. Vinteuil e a amante, as lésbicas de Montjouvain. Revelação que finalizará a narrativa de *Sodoma e Gomorra* com um desvio que direciona o narrador e Albertina para o convívio no cativeiro nas linhas do volume seguinte, *A prisioneira*.[17] Antecipa-se, assim, a entrada do cemitério, quando a morte de Bergotte tomba sobre a cronologia da narrativa da *Busca*, entrecortando a relação do narrador com a cativa que, desde já, se prefigurava, ela também, como uma cidadã do cemitério:

> [...] e vendo que com as nossas malas (junto das quais eu passara a noite chorando no Grande Hotel de Balbec), tinham colocado também as de Albertina, estreitas e negras, que me pareceram ter o feitio de esquifes, sem que eu soubesse se iam trazer para casa a vida ou a morte.[18]

Je bergotte

Até este ponto, retornamos à morte da avó para desenhar os entrecruzamentos entre a narrativa de Proust e a de Cixous; assim,

---

16 Ibid., p. 207.

17 M. Proust, *A prisioneira*, trad. Manuel Bandeira e Lourdes Sousa de Alencar, 13. ed., São Paulo: Globo, 2011.

18 Ibid., p. 189.

já temos ideia do que as palavras *omifiée* e *Omification* condensam. Podemos, doravante, passar à decifração do *bergotar*. O último capítulo de *Ève s'évade* se intitula *"Je deviens citoyenne de cimitière"* [Eu me torno cidadã do cemitério], título que emerge daquilo que fora endereçado à narradora por Ève: *"En partant elle tira une enveloppe de son sac. Elle me la tendit. 'Le Cimetière, c'est toi.' [...] De ce jour je devins citoyenne de cimitière."*[19] [Partindo, ela tirou um envelope de sua bolsa. Ela me entregou. 'O cemitério é você.' [...]. Desse dia em diante, me tornei cidadã do cemitério.]

O início do capítulo se faz pela marcação do tempo. No caderno datado, a narradora nos diz que, em 9 de fevereiro, Ève, rejuvenescida pelo passar dos anos que a proximidade do seu aniversário lhe traz, escreve muitas cartas, assinadas pelo tempo da idade: *"Elle signe:* Ève *94 ans. Ou la vieille* Ève"[20] [Ela assina: Ève 94 anos. Ou a velha Ève]. Em 10 de fevereiro, na consulta ao dermatologista, Ève calcula e entrelaça o tempo de vida e a extensão da pele que encurta em um movimento diametralmente oposto ao da vivência que, Ève, no entanto, não economiza: *"La peau n'est pas* éternelle. *Il em reste um peu. C'est mieux que rien.* [...] *Dit: le temps c'est de la peau. Je ne gaspille pas"*[21] [A pele não é eterna. Dela, resta um pouco. É melhor que nada. Diz: o tempo é a pele. Não desperdiço]. No dia seguinte, 11 de fevereiro, entra o cemitério, enterra-se Bergotte! Ève dá o envelope com a inscrição (*lettre*) à filha, que se torna, assim, a cidadã do cemitério (*l'être*), o endereçamento que o pai do narrador proustiano lhe nega no sonho: *"En premier lieu ma mère me donne* l'adresse"[22] [Em primeiro lugar minha mãe me dá o endereço].

Ève, então, se evade, encoberta no seu falso casaco de pele: *"Elle sort. Fausse vieille fausse peau de panthère. Libre"*[23] [Ela sai. Falsa

---

19 H. Cixous, *Ève s'évade – la ruine et la vie*, 2009a, p. 189.

20 Ibid., p. 187.

21 Ibid., p. 188.

22 Ibid., p. 192, grifo da autora.

23 Ibid., p. 189.

velha falsa pele de pantera. Livre], a pele de pantera que, encobrindo o ser (*l'être*) que se esvai, passa a encobrir o caderno da escrita (*lettre*) daquela que foi destinada a ser cidadã do cemitério:

> *Et ce jour-là, de même – comme je le retrouve dans le carnet-panthère –, ce jour de fausse fourrure où ma mère veut absolument aller au BHV avec mon frère, au moment où elle sort, en direction du grand magasin je l'espère – que Bergotte meurt, de même entre le Cimetière.*[24]

Naquele dia – assim como o encontro no caderno-pantera –, esse dia de falsa pele em que minha mãe quer ir imperiosamente ao BHV com meu irmão, quando ela sai em direção à grande loja eu espero – que Bergotte morra, assim como entra o Cemitério.

A narrativa passa, então, a se desdobrar entre divagações da narradora sobre a sua relação com a morte/o cemitério e referências indiretas ao *A prisioneira*,[25] no qual se passa a morte de Bergotte. Veremos como o romance entrelaça o(s) tempo(s) da morte, da vida e da ficção na narração dessa morte. Antes, no entanto, vejamos como outros cemitérios antecipam a morte do personagem proustiano no texto de Cixous, a partir da leitura do entrelaçamento do tempo da vida e da morte que se faz na pele de Ève, que é escrito no caderno-pantera que encobre *A pele de onagro*, de Balzac, e a sua leitura por Freud.

Em *A pele de onagro*,[26] Raphaël de Valetin se desvia de uma morte prematura, o suicídio, para uma morte antevista, quando faz um pacto com um insólito velho comerciante de uma loja de antiquários, ao aceitar um pedaço de pele de chagrém que seria

---

24 Ibid., p. 192.

25 M. Proust, *A prisioneira*, 2011.

26 H. de Balzac, *A pele de Onagro*, 2008.

um estranho talismã que realizaria todos os desejos de seu dono. Contudo, a cada desejo atendido, a pele de onagro encolheria um pouco, ao mesmo tempo que diminuiria o tempo de vida do seu possuidor. Nessa misteriosa concordância entre os destinos e os desejos de Raphaël, o que se percebe é que a ação do pacto em relação à sua morte é essencialmente temporal.

No capítulo "Le rêve du prisonnier" [O sonho do prisioneiro], a narradora de Cixous destaca ter sido *A pele de onagro* o último livro lido por Freud, que, já fisicamente debilitado e advertido de que o seu câncer havia chegado ao estágio terminal, identifica a sua própria condição com este texto que ele denomina de "o livro do encolhimento":

> *Il vaudrait peut-être mieux cesser de lire La Peau de chagrin en ce moment de détresse se disait Freud, mais je ne peux pas faire autrement. C'est un livre qui prend le dessus. Il n'aurait pas fallu commencer. On fait ce qu'on craint. Je devrais en rester là se dit-on quand la minute du troptard est passée, au moment où plus rien au monde n'existe.*[27]

Talvez seja melhor parar de ler *A pele de onagro* neste momento de angústia, se dizia Freud, mas não posso fazer de outro modo. É um livro que ganha a briga. Não deveria ter começado. Fazemos o que tememos. Eu deveria deixar assim, nos dizemos, quando o minuto do tarde demais passou, quando mais nada no mundo existe

A morte adiada na literatura se faz, no entanto, na vida, como "*la veille d'une mort prématurée*[28] [A véspera de uma morte prematura], o pêndulo do relógio da pele de onagro passa a marcar a antecipação do tempo de vida de Freud, mas como evitar? É tarde

---

27   H. Cixous, *Ève s'évade – la ruine et la vie*, 2009a, p. 85-86.

28   Ibid., p. 168.

demais para não antecipar a morte, morre-se antes na literatura, e somente depois na vida: *"Me voilà tombé au pouvoir de la Peau de Chagrin, se disait-il. Je ne peux plus m'arrêter de prévoir la fin et donc de l'attirer. Mais comment arrêter de lire La Peau de chagrin? C'est le seul livre qui vous devore."* [29][Eis que caí no poder da Pele de Onagro, ele dizia a si mesmo. Não posso mais parar de prever o fim, e, logo, de atraí-lo. Mas como parar de ler A pele de onagro. É um livro que te devora.]

Se, em *Ève s'évade*, o livro de Balzac antecipa a morte de Freud, em *A prisioneira*, é um quadro de Vermeer que apressa a(s) morte(s) do escritor Bergotte, que compreende a sua morte literária segundos antes de sua morte efetiva. Ao ler num artigo crítico a menção a um panozinho de muro amarelo na *Vista de Delft*[30] – quadro muito apreciado por ele e que julgava conhecer muito bem –, Bergotte sai do estado de repouso prescrito pelos médicos devido a uma crise de uremia sem maiores consequências, come umas batatas e vai à exposição. Simultaneamente aos episódios de tontura que o acometem desde a sua chegada, o escritor percebe a secura do seu próprio estilo literário, que lhe é revelada pelo detalhe do quadro de Vermeer, percebendo, portanto, tarde demais, a sua primeira morte, que é sucedida pela sua morte física, quando tomba em seguida, já sem vida, do canapé da galeria: "Não lhe passava, porém, despercebida a gravidade das tonteiras. Em celestial balança lhe aparecia, num prato a sua própria vida, no outro o panozinho de muro tão bem pintado de amarelo. Sentia Bergotte que imprudentemente arriscara o primeiro pelo segundo."[31]

Na verdade, para compreendermos a complexa temporalidade do *bergotar*, é necessário pensar em duas mortes que se dão

---

29   Ibid., p. 81.

30   *Vista de Delft* é uma famosa pintura do século XVII, do artista holandês Johannes Vermeer. (N.E.)

31   M. Proust, *A prisioneira*, 2011, p. 212.

na relação do narrador com a escrita e uma terceira morte que se dá na relação do narrador com Albertine. Pois, após descrever minuciosamente a morte de Bergotte, assim como os meses que a antecederam, o narrador relembra a surpresa que lhe causara a publicação dos jornais que datavam a morte do escritor como tendo sido na véspera. A indeterminação do dia da morte decorre de uma mentira de Albertine, que, em certo intervalo narrativo, não permite que ele morra no dia efetivo da sua morte:

> Como disse, soube nesse dia que Bergotte morrera. E admirava-me da inexatidão dos jornais que, reproduzindo todos a mesma notícia, diziam que ele morrera na véspera. Ora, na véspera Albertine encontrara-se com ele, contou-me ela na mesma noite, o que até a tinha atrasado um pouco, pois ele se deixara ficar longamente conversando com ela. Foi sem dúvida a sua última conversa.[32]

Posteriormente, o narrador saberá que a cativa mentira e que Bergotte, enfim, falecera realmente na véspera (*veille*). Albertine, desse modo, *entra no cemitério* com Bergotte, pois o que o narrador presumia ter sido a última conversa do escritor somente poderia ter se dado na dimensão da morte. A narradora de Cixous, a cidadã do cemitério, evoca, então, a morte de Bergotte pelo peso das correntes da prisioneira Albertine:

> *La façon dont le Cimetière vous surprend est aussi abrupte que la mort de Bergotte. On ne peut pas du tout se protéger. C'est invraisemblable. Cela vous arrive au moment où vous êtes absorbes dans le problème, insoluble, de la lourdeur des chaînes, – invisibles et d'autant plus lourdes – qui retiennent ladite prisonnière: comment faire paraître une chaîne lourde légère?*[33]

---

32 Ibid., p. 213-214.

33 H. Cixous, *Ève s'évade – la ruine et la vie*, 2009a, p. 190.

A maneira como o Cemitério surpreende vocês é tão abrupta quanto a morte de Bergotte. Não podemos nos proteger de jeito nenhum. É inverossímil. Isso acontece quando vocês estão absortos no problema, insolúvel, do peso das correntes – invisíveis e, por isso mesmo, cada vez mais pesadas – que retém a dita prisioneira: como fazer parecer leve uma corrente pesada?

A essa pergunta, o narrador proustiano responderia com o argumento da mentira: "Para que as cadeias lhe parecessem mais leves, o melhor seria fazer-lhe crer que eu mesmo ia rompê-las. Em todo caso, não lhe podia confiar esse projeto mentiroso [...]",[34] a mentira que ele utiliza para contornar as supostas mentiras de Albertine, a mentira na qual a relação no cativeiro se construíra e que direcionará Albertine à sua morte efetiva, quando ela partir no final de *A prisioneira*, levando consigo suas malas, seus esquifes da morte que será enunciada no volume seguinte, *Albertine desaparecida*. A morte de Bergotte, assim, suspende a sequência narrativa dos intermináveis contornos da relação amorosa do narrador, que é retomada na escrita da cidadã do cemitério: "[...] *on se souvient d'avoir fait le projet d'avoir un yacht, c'étai un faux projet, un simulacre d'achat d'un Moyen de fuir – entre un cimitière. / Entre un cimetière. Il* était *donc* déjà *là? C'est invraisemblable.*"[35] [Lembramos de ter feito um projeto de ter um iate, era um falso projeto, um simulacro de compra de um meio de fugir – entra um cemitério. Entra um cemitério. Ele já estava lá? É inverossímil.]

A cena da morte de Bergotte, tanto na mentira de Albertine quanto na ficção proustiana, seria o quadro no qual a arte antecipa a morte? Se o livro é um vasto cemitério, o quadro de Vermeer passa a ser a lápide do escritor que será lida pela escrita do narrador da

---

34 M. Proust, op. cit., p. 206.

35 H. Cixous, op. cit., p. 191.

Busca? *Tableau* e *tombeau* ressoam entrelaçando o livro e o túmulo e, no final do livro, a narradora segue em direção aonde seu pai a espera, na morte, na cavidade de um sonho:

> [...] *j'étais allongée sur le divan de la tombe, à écrire dans la obscurité, tous ces juifs qui me parlaient, me posaient des questions et comme je ne répondais pas me prenant pour une étrangère ils me parlaient en anglais. Aucune intimité. Il ne faut pas venir en semaine, me dis-je, seulement le dimanche. Là-dessus à l'aube j'étais prête à partir, dans une réalité plus mauvaise encore que la fausse réalité de la nuit, je ne pouvais plus m'arrêter d'aller d'un cimetière à l'autre en rêve en réalité. Je tombai du lit sans délai, laissant derrière moi le garage de mon père. Je mangeai trois pommes de terre. J'étais obligée. Je bergotte, me dis-je. Ou bien c'est dans l'Énéide que je vais. On m'avait dit que le tableau de la tombe de Baudelaire était maintenant jonché de petits cailloux* [...][36]

Eu estava deitada sobre o divã do túmulo, escrevendo na obscuridade, todos esses judeus que falam comigo me perguntando e como não respondo me tomam por estrangeira e falam comigo em inglês. Nenhuma intimidade. Você não devia vir durante a semana, me digo, somente no domingo. Ainda sobre isso, na aurora eu estava pronta para partir, em uma realidade ainda pior que a falsa realidade da noite, não podia mais parar de ir de um cemitério ao outro no sonho na realidade, não podia permanecer, nem em sonho nem em realidade. Eu caí do leito sem demora deixando para trás a garagem de meu pai. Eu comi três batatas. Fui obrigada. Eu bergoto, me digo. Ou então é para a Eneida que vou. Disseram-me que o quadro do túmulo de Baudelaire está agora coberto de pedrinhas [...]

---

36 Ibid., p. 197, destaque nosso.

Caída do leito como Bergotte caído do canapé, pelo direcionamento para a arte através da morte, a narradora de Cixous conjuga o *bergotar* pela aproximação do quadro e do túmulo, da galeria de arte e do cemitério, pois, uma vez que entra em cena o cemitério, a narradora vai ao encontro do pai morto em sua infância. Morte que vive em sua escrita.

Parece-nos, justamente, que esse fragmento de escrita remonta à noite de onde se origina a *Busca* de Proust – literal e metaforicamente –, pois o começo do livro se dá com o narrador caindo no sono, e sabemos que Proust escrevia à noite, no leito. Mas a noite é também aquela que cai sobre Bergotte diante do quadro de Vermeer e da obra que ele não realizou. *Eu bergoto*, então, conjuga uma obra que não foi escrita em conformidade com um desejo descoberto tarde demais, a de Bergotte, e conjuga uma que será escrita, a de Proust; a obra desejada de Bergotte, a morte interdita, a de Proust, ela dará permissão. O fragmento também remonta ao começo de *Ève s'évade*, onde se reconstrói em um sonho da narradora a partida de Freud, em 1938, para Londres por ser judeu. Em outras palavras, há uma condensação de imagens: divã, túmulo, leito – de onde nasce a escrita?

Rêvasion

No começo deste ensaio, lemos as primeiras linhas de *Ève s'évade*, nas quais a narradora está diante do choque da aparição em que sua mãe se metamorfoseia em sua avó. Lemos essa cena a partir das cenas proustianas que escrevem diferentes versões da morte e da perda da avó: ao telefone, na chegada de Doncières, no instante da morte, no trabalho de luto, no sonho. Fim sem fim. Muitas mortes em uma morte. Também encontramos as ressonâncias entre o quadro e o túmulo, entre a obra e a morte, através da morte do escritor Bergotte. Depois dessas primeiras linhas e do retorno a Proust, podemos ler o que essas palavras-valise – *omificada/Omificação* e *bergotar* – condensam. Assim, é necessário, neste momento, darmos alguns passos para compreendermos o procedimento em jogo, isto é, a transformação de nomes em ação, para isso nos aproximaremos do modo como Cixous lê Freud e sua reflexão sobre o sonho do prisioneiro, que está em "Sonhos de criança":

> Le Rêve du Prisonnier *est acrroché dans la galerie des 'Rêves d'Enfants'.*
> *Le 1 ^{er} Mai 2008 je montre à ma mère une reproduction de ce tableau de Moritz von Schwind, dont Freud a montré en 1916 à son public une reproduction afin d'illustrer sa conférence sur les* Kindertraüme.
> *Selon Freud,* Le Rêve du Prisonnier *ne peut avoir d'autre contenu que* l'évasion. *Ce jour-là Freud ne dit pas à son public qu'il pense que* 'tout Rêveur est un prisonnier qui s'évade'. *Il s'agit de* Rêvasion.[37]

> *O sonho do prisioneiro* está pendurado na galeria dos "Sonhos de crianças". No 1º de maio de 2008, mostro à minha mãe uma reprodução deste quadro de Moritz von Schwind que, em 1916, Freud mostrou ao seu público a fim de ilustrar sua conferência sobre os *Kindertraüme*. Segundo Freud, O sonho do prisioneiro não pode ter outro conteúdo senão o da evasão. Naquele dia, Freud não disse ao seu público que ele pensa que *'todo Sonhador é um prisioneiro que se evade.'* Trata-se de uma *Rêvasion*.

Antes de fazermos algumas perguntas a esse fragmento, assinalamos nele a condensação de algumas marcas da assinatura de Cixous. O 1º de maio não é uma data qualquer nos escritos dela, *Le jour où je n'étais pas là* começa nesse dia; seu contemporâneo, o ensaio "Aller vers le plus effrayant" também se remete à

---

37 H. Cixous, 2009a, grifos de H.C.

referida data, a uma suposta manifestação que Hélène teria ido e ficado afônica, essa menção é feita para negar que a afonia da conferencista seja interpretada como uma resposta ao convite das psicanalistas para falar sobre o insublimável, isto é, sobre a criança morta. *Kindertraüme* remete à sua *autobiografia alemã*; Cixous diz a Cécile Wajsbort que, sendo o alemão a língua da mãe, da avó e da tia, suas recordações de infância são em língua alemã. A presença da palavra que não é traduzida relacionada ao sonho e à infância já cita, retroagindo e antecipando, por assim dizer, o que foi dito por Freud sobre os sonhos de crian- ça: neles o conteúdo latente e o manifesto coincidem, logo eles prescindem de tradução e de intepretação. É notável que os so- nhos infantis estejam num lugar de exceção no que diz respeito ao latente e ao manifesto, e que, mesmo sem a distorção, eles confirmem que o sonho realiza um desejo. Nota-se um entre- laçamento entre a exceção, o infantil, o sonho e o inequívoco: "Em todos os sonhos, à exceção dos infantis e daqueles de tipo infantil, a deformação, como já afirmei, se interpõe em nosso caminho como um impedimento."[38]

O sonho entrelaçado ao inequívoco e ao desimpedimento remete a *Rêve je te dis*,[39] em que a sonhadora quer escrever seus sonhos como se fossem narrativas primitivas, isto é, como se fossem escritas antes da psicanálise e da literatura. Como se, encurtando a distância e suspendendo a perda do sonho no despertar (e com que velocidade o perdemos!), ela só quisesse escrever o conteúdo manifesto, sonho sem interpretação. Podemos cruzar, ainda, dois dizeres. Do subtítulo de *Ève s'évade – la ruine et la vie*, destaquemos o significante ruína. De *A interpretação dos sonhos*, destaquemos que interpretar é estabelecer nexos que o trabalho do sonho aniquilou.[40] Do entrecruzamento entre esses dois ditos, podemos extrair

---

38 S. Freud, *Obras completas, v. 13: Conferências Introdutórias à psicanálise*, 2014, p. 181.

39 H. Cixous, *Rêve je te dis*, 2003a

40 S. Freud, *A interpretação dos sonhos*, 2020, p. 335.

uma pergunta: essas ruínas que tanto interessam a Cixous não dizem respeito também a esses nexos aniquilados que nenhuma interpretação reestabelecerá?

Voltando às marcas, assinalemos a última delas que diz respeito à presença da palavra-valise: *rêvasion*, fundindo o sonho e a evasão, fazendo do acontecimento um acontecimento na palavra. Como podemos pensar a *rêvasion*? De que prisão se trata? De que liberdade se trata? A forma do livro começa a nos responder. A liberdade se faz a partir da mudança das vozes. Através dessa liberdade se passa à literatura, reinventando uma nova forma de dizer *Eu*, à maneira do que Roland Barthes afirmou sobre o que deu liga na *Busca* de Proust. Tal metamorfose, em Cixous, se faz, predominantemente, pela citação, pela recitação, pela ressuscitação que é retorno à leitura dos textos. Nas primeiras páginas, atravessamos a *Vida nova*[41] de Dante, a *Busca* de Proust, a Torre de Montaigne, a voz de Ève, e chegamos à voz do sonho. Nota-se que há um paralelismo nos diálogos entre Ève e a sua filha, entre a narradora e o sonho e, por citação velada, entre Freud e Anna. Escutemos:

> – *Où allons-nous? dis-je – À Londres, dit le rêve. Prépare-toi. Le rêve découvre mon nouvel apartement, pendant que je prepare mes bagages. C'est un beau matin. Le rêve est enceinte. À la vue de son ventre je corrige: c'est donc une Rêve. Surtout ne pas rater le train. La Rêve est vive, active, et sous les yeux ronds er chauds est attaché le sourire de maman.*[42]

> – Para onde vamos? Digo. – A Londres, diz o sonho. Se prepara. O sonho descobre meu novo apartamento, enquanto preparo minha bagagem. É uma bela manhã. O sonho está grávido. Ao ver seu ventre, corrijo: é então uma Sonha.

---

41 D. Alighieri, *Da monarquia. Vida nova*, 2006.

42 H. Cixous, *Ève s'évade – la ruine et la vie*, 2009a, p.16.

Sobretudo não perder o trem. A Sonha é viva, ativa, e sob os olhos redondos e quentes está preso o sorriso da mamãe.

O sonho e a narração prosseguem e mais adiante há uma pergunta sobre o que é Londres. É uma caixa de ressonância: *onde* [onda], *l'ombre* [sombra], *long* [longo], *londi* [*on dit*/dizem], *allons dre* [*allons* à Londres]. Vamos a Londres. E, como Freud não tardará a aparecer entremeado ao sonho, pode-se pensar que Londres, a cidade da fuga de Viena tomada pelo nazismo, é a *dernière demeure / a última morada* de Freud, para dizer com Derrida sobre Blanchot, onde se escreverá *o instante de sua morte*.

A narradora, ou a sonhadora, faz as malas:

> *D'ailleurs selon Freud il est précisement fréquent que les bagages symbolisent d'une manière certaine nos propres organes génitaux. Selon moi la valise est l'utérus de rêve. [...] Voici sa nouvelle fonction: depuis cette année elle a pris le rôle de Tombe.*[43]

Além disso, para Freud, é bem frequente que as bagagens simbolizem de uma certa maneira nossos órgãos genitais. Para mim, a mala é o útero do sonho [...] Eis sua nova função: depois deste ano ela toma o papel de Túmulo.

Neste fragmento, atam-se, no sonho, a fuga, a última morada, a mala, os órgãos genitais, os papéis escritos e o túmulo. Certamente, Cixous acrescenta uma sobrevida às malas-caixões de Albertine mencionadas acima. Certamente, o deslocamento operado pelo livro de Cixous do umbigo do sonho freudiano para o útero do sonho exigiria um outro ensaio, o que importa aqui é o modo como Cixous ata *rêve* e *évasion*.

Em carta de 12 de maio de 1938, Freud escreve a seu filho Ernst: "Duas perspectivas me dão alento nestes tempos sombrios:

---

43   H. Cixous, 2009a, p.17-18.

juntar-me a todos vocês e – morrer em liberdade".[44] Ousaríamos dizer que Cixous transforma o desejo freudiano em livro, e é num certo sentido de liberdade que Freud e Cixous se encontram, liberdade para morrer e liberdade para escrever *uma vida e uma morte para o nosso tempo*.[45] A liberdade não estaria no que se diz, mas no modo como se diz, não no que de imediato se ouve e se replica, mas nos efeitos que provoca e nos novos trilhamentos que uma construção pode provocar. Neste momento, podemos, então, claramente alinhar a liberdade ao lado da forma. Assim, não é desprezível que Lacan, no início de seu ensino, destaque o estilo de Freud, o modo como ele trata a questão da técnica, "pelo frescor, pela vivacidade, pela simplicidade e franqueza do tom."[46] A liberdade criativa de Freud e de Cixous têm um efeito libertador.

Já de volta a *Ève s'évade*, sem nunca termos podido fugir dele, lembremos ainda que Freud nos aponta, como procedimento do sonho, a transformação do pensamento em experiência vivida.[47] *Omifier* e *bergotter* não seriam a transformação da personagem em ação? No caso de *bergotter*, a literatura sobrevive como ação que entrelaça o tempo da morte e o tempo da obra. No caso de *omifiée*, a transformação do nome da avó em adjetivo e processo lembra que há envelhecimento, esquecimento, morte, e isso acontece na palavra. Não conjugamos esses verbos sem termos revisitado as cenas literárias de onde eles se engendraram. E, se *rétrécissement* não fosse uma palavra dicionarizada, teríamos que acompanhar o voo e o roubo que Cixous perfaz do livro de Balzac ao seu, passando pelas mãos de Freud em seus últimos dias. O que remete ao começo: Freud, em sua *Interpretação*, teoriza que o Sonho "trata as palavras como se fossem coisas, resultado: neologismos cômicos

---

44   S. Freud, *Correspondência de amor e outras cartas* (1873-1939), , 1982, p. 510.

45   Aludimos ao título da biografia *Freud: uma vida para o nosso tempo*. P. Gay, *Freud: uma vida para nosso tempo*, 2012.

46   J. Lacan, *O seminário – Livro 1: Os escritos técnicos de Freud*, 1986, p. 18.

47   S. Freud, *Obras completas, v. 13: Conferências Introdutórias à psicanálise*, 2014, p. 172.

e curiosos."[48] *Rêvasion* não seria, assim, a coisa inventada por Cixous para ficcionalizar a graça da vida na morte? Da liberdade na prisão? Aí mesmo onde ela situa a sua origem inesquecível e evadida: *sou filha de uma prisão e de uma liberdade.* Rasuremos: sou filha da morte e da literatura como ressurreição na palavra-valise. Sob as flores, escavamos malas, esquifes, mortes, útero, vida. E, quando tudo se apaga, começa a leitura. Quando Cixous lê, recomeça a literatura, refazendo as palavras com um sonho. De Proust, de Freud, de Ève, leito, liberdade, leite, essa tinta que não acaba: quadro, livro, túmulo. A ruína e a vida.

---

48   S. Freud, *A interpretação dos sonhos*, 2020, p. 319.

MOLÉCULA FREUD, NAS RUÍNAS, A CRIANÇA RESSUSCITADA NÃO SEM PROUST

Para Marcelo Ramalho, pelo que, das ruínas,
não saberemos decifrar.

"'Egípcio' é o predicado de todas as construções que podem ser submetidas à desconstrução – exceto a mais egípcia de todas as estruturas, a pirâmide. Ela se mantém sempre em seu lugar inabalável, porque sua forma nada mais é do que os restos indesconstrutíveis de uma construção, erguida – segundo o plano do arquiteto – com o aspecto que teria depois de seu desmoronamento."
Peter Sloterdijk, *Derrida, um egípcio*

"Dizer que há ruína significa também dizer que há linguagem. E, reciprocamente, dizer que há linguagem já é anunciar a ruína."
Gérard Wajcman, "A arte, a psicanálise e o século"

A escrita de Hélène Cixous começa depois do desmoronamento, e começo este breve ensaio pelo último capítulo de seu livro *Les sans arche d'Adel Abdessemed et autres coups de balai*:

Pour faire remonter ce qui a été caché, oublié, écarté, négligé, rejeté,
Il faut scruter longuement la surface maquillée du monde,
jusqu'à ce que la marc de café parle.

Adel est né destine à lire la marc
Faire parler   la sable
          la poussière
          les cendres
Rendre la parole aux morts
Ranimer les images rongées par le sel du Temps.[1]

Para recriar o que ficou escondido, esquecido, descartado, negligenciado, rejeitado,
É preciso escrutinar longamente a superfície maquiada do mundo,
até que a marca de café fale.
Adel nasceu destinado a ler a marca
Fazer falar a areia
        a poeira
        as cinzas
        Dar a palavra aos mortos
        Reanimar as imagens corroídas pelo sal do Tempo.

Ela diz de Adel e, ao mesmo tempo, diz de sua escrita, da de Jacques Derrida, da de Sigmund Freud. Nas ruínas que eles escrevem encontram-se formas para a memória e o esquecimento, a escavação, a *ressuscitação* e, entre essas ruínas, uma presença muito incômoda, a da criança. O último capítulo do livro se intitula "À *qui t'es Adel?*". E ressoa: De quem é você, Adel? A quem você abandona, Adel? O capítulo narra um sonho de Cixous em que Derrida dá seu seminário de filosofia, manejando vivamente uma vassoura. Vassoura que passa entre os vivos e os mortos. Os varredores são os argelinos – Adel, Hélène, Jacques, esses guardiões dos detritos. Aquilo que, a seu modo e estranhamente, um vienense, da Viena de imensos monumentos dourados, também o foi.

---

1 H. Cixous, *Les sans arche d'Adel Abdessemed et autres coups de balai*, 2018a, p. 103.

Em *Gradiva: uma fantasia pompeiana*, de Jensen, está escrito que "As flores do sonho crescem às margens do Lethé",[2] o que me faz pensar que sonhar é uma maneira de recordar e que recordar é uma construção que impele a pensar mais uma relação ética e estética com a escrita do que propriamente com o fato vivido. Buscarei, portanto, mostrar como o passado se entrelaça com a vida, o vivo, mais do que com o vivido morto. Tal entrelaçamento se faz através da citação, da recitação e da ressuscitação da literatura e da psicanálise pela obra de Hélène Cixous, sobrinha de Freud em uma genealogia inventada. Advirto: também citarei muito nas próximas linhas. Afinal, citar não deixa de ser um modo de trabalhar com a ausência do outro e fazer da morte uma vida outra.

Como uma criança que brinca com seu carretel para bordejar o fosso aberto pelo vaivém da mãe, evocando o jogo inventado pelo netinho de Freud e reiteradamente relido por Derrida e Cixous, este ensaio vai girar, se desviar, retornar a uma imagem que se repete na obra de Hélène Cixous. Deixarei que ela apareça através do romance *Ève s'évade – la ruine et la vie*:

> *Le petit c'est celui qu'il aime, c'est lui, c'est l'enfant en lui qui joue dans les ruines, c'est son génie, le moi qu'il admire en secret, le même que Shakespeare, le même enfant terrible que le Wolfgang qui jette tout la famille par la fenêtre, en riant aux éclats, le garnement sublime auquel il voue un culte inavouable, le même que sous toutes ses formes sa mère a toujours adore, celui dont il est jaloux tant il voudrait ne pas douter qu'il est lui-même cet élu des divinités gardiennes des germes de l'humanité. C'est dans l'espoir irrationnel et plus puissant qu'il a tant travaillé. C'est pour l'enfant en lui qu'il regrette d'être vieux dont la Mort est la maîtresse. Elle est avec lui dans les foules, elle lui parle à l'oreille.*

2 J. Wilhelm, *Gradiva: uma fantasia pompeiana*, 1987, p. 21.

Pour elle c'est une question de jours. Elle ne le presse pas puisque c'est déjà fait.[3]

O pequeno é aquele que ele ama, é ele, é a criança nele que brinca sobre as ruínas, é o seu gênio, o eu que ele admira em segredo, o mesmo que Shakespeare, o mesmo *enfant terrible* de Wolfgang que joga toda a família pela janela, rindo alto, o inescrupuloso sublime a quem dedica um culto inconfessável, o mesmo que em todas as suas formas sua mãe sempre adorou, aquele de quem tem tanto ciúme que gostaria de não duvidar que ele mesmo é esse escolhido das divindades guardiãs dos germes da humanidade. É na esperança irracional e mais potente que ele trabalhou tanto. É pela criança que há nele que ele se arrepende de ser velho, de quem a Morte é a amante. Ela está com ele na multidão, ela fala em seu ouvido. Para ela é uma questão de dias. Ela não o apressa porque já está feito.

Guardemos na memória esta imagem da criança que brinca sobre as ruínas. Voltarei a ela, mas antes preciso dizer que esse trecho é exemplar da literatura de Hélène Cixous, que começa pela indeterminação das vozes, que será acompanhada pela indeterminação do tempo. O "ele" refere-se a Freud num procedimento próximo ao estilo indireto livre; no livro, as vozes se alternam, em bordas borradas, entre a da narração, a de Ève, mãe da narradora, e a de Freud, que, como Ève, está no fim de sua vida. No livro, Freud fala, monologa, sonha e não sonha mais. Cixous lê Freud lendo *o sonho do prisioneiro*. Leiamos mais uma vez o "Favor inserir" de Ève s'évade: "Segundo Freud, *O sonho do prisioneiro* não pode ter outro conteúdo senão o da evasão. Naquele dia, Freud não disse ao seu público que ele pensava que '*todo sonhador é um prisioneiro que se evade*'. Trata-se de uma *Rêvasion*."[4]

---

3 H. Cixous, *Ève s'évade – la ruine et la vie*, 2009a, p. 190, p. 60.

4 O fragmento foi citado no capítulo anterior.

Rêvasion funde sonho e evasão. Como podemos pensar essa fusão? De que prisão se trata? De que liberdade se trata? A forma do livro começa a nos responder. A liberdade se faz a partir da mudança das vozes e dos tempos, à maneira da figurabilidade do sonho, que quase nunca prima pelas subordinações temporais e causais, constitutivas da lógica da consciência. O sonho é escrito através da parataxe – à maneira de uma ruína, eu não cesso de me indagar. Através da liberdade sonhada se passa à literatura, reinventando uma nova forma de dizer "Eu", à maneira do que Roland Barthes afirmou sobre o que deu liga na *Busca do tempo perdido* de Proust.[5] Tal metamorfose, em Cixous, se faz predominantemente pela citação, pela recitação, pela *ressuscitação* que é um retorno à leitura e à reescrita dos textos.

Nessa reescrita, sobrepõem-se mais de uma camada de tempo, entrecruzo os títulos: do subtítulo de Ève *s'évade – la ruine et la vie*, destaquemos o significante "ruína", e de *A interpretação dos sonhos*, destaquemos que interpretar é estabelecer nexos que o trabalho do sonho aniquilou.[6] Do entrecruzamento entre esses dois ditos podemos extrair duas perguntas: essas ruínas que tanto interessam a Cixous não dizem respeito também a esses nexos aniquilados que nenhuma interpretação restabelecerá? Viria daí a dificuldade inicial de entrarmos na obra de Cixous e começarmos nossa própria escavação? Como arqueóloga, Cixous recolhe fragmentos de cenas arruinadas da literatura, da psicanálise e da desconstrução para refabricar sua história e a História.

Jacques Lacan, no início de seu ensino, retoma "Construções em análise", um ensaio do fim da vida de Freud que, em 1937, ainda insiste na arqueologia como metáfora para o trabalho psicanalítico,[7]

---

5   R. Barthes, "Isso pega" in *Inéditos: vol.2 – Crítica*, 2004.

6   S. Freud, *A interpretação dos sonhos*, 2020, p. 335.

7   Donald Kuspit faz um mapeamento dos pontos da obra freudiana que se valem da metáfora arqueológica em "Uma metáfora poderosa: a analogia entre a arqueologia e a psicanálise" in Geraldo Jordão Pereira (org.), *Sigmund Freud e arqueologia: sua coleção de antiguidades*, 1994.

adicionando que o psicanalista lida com um passado vivo, enquanto o arqueólogo lida com o passado morto, para propor que, como a tarefa legada ao analista por Freud, ao analisante também caberá mais construir do que lembrar:

> De tudo o que é essencial aqui, o analista não vivenciou nem recalcou nada: não pode ser sua tarefa lembrar algo. O que, então, é a sua tarefa? Ele terá de inferir o esquecido a partir dos sinais por ele deixados, ou, mais corretamente, ele terá de construir o esquecido. [...] O seu trabalho de construção, ou, se preferirmos, de reconstrução, mostra uma ampla coincidência com o do arqueólogo, que escava uma moradia destruída e soterrada ou uma construção do passado.[8]

Para continuarmos a pensar a relação entre memória e forma em *Ève s'évade*, para construirmos o caminho complexo e problemático do arqueólogo ao analista e à escritora, leio um fragmento de Sarah Kofman em *A infância da arte*.[9] Nele, Kofman, que aliás recriou belamente sua infância em *Rue Ordener, rue Labat*,[10] insiste que a matéria psíquica e a matéria artística não falam, não são meios de comunicação, e, portanto, a escrita do sonho é irredutível a qualquer outra, sua lógica não é a da representação, ou seja, aquela que manteria uma relação entre o referente e a escrita. Não há origem, há suplemento, isto é, uma forma que substitui não uma presença, mas uma ausência. É por isso que o sonho e a recordação infantil são entendidos como criações ficcionais, isto é, textos autônomos em relação ao referente:

> A estrutura geral do sonho é com frequência comparada a uma obra arquitetônica. Assim Freud compara um de

---

8 J. Lacan, *O seminário – Livro 1: Os escritos técnicos de Freud*, 1986, p. 367.

9 S. Kofman, *A infância da arte: uma interpretação da estética freudiana*, 1996.

10 S. Kofman, *Rue Ordener, rue Labat*, 2005.

seus sonhos à fachada de uma igreja italiana sem relação orgânica com o que fica por trás. A relação entre o sonho diurno e a recordação de infância é análoga à existente entre um palácio romano de estilo barroco e as ruínas antigas sobre as quais ele foi erguido. Os alicerces e as colunas dos edifícios antigos forneceram a matéria para a construção dos palácios modernos. Esta analogia deve impedir que se interpretem o sonho e a arte como traduções de lembranças ou fantasias: uma nova estrutura que tem suas próprias leis se edifica sobre a antiga, sem jamais substituí-la totalmente e utilizando-a como material para dar nascimento a uma obra perfeitamente original.[11]

Vimos os desdobramentos da relação entre a infância e a guerra e a importância incontornável da imagem extraída de Thomas Bernhardt em que, depois do bombardeio de sua cidade natal pelos americanos, o narrador encontra uma mão de criança entre as ruínas. É com essa mão decepada que se começa a escrever, insistirá Cixous. Assim, se os três degraus para passar à escrita são a morte, o sonho e o imundo, a mão arrancada da criança não poderia ser o pedaço originário recolhido da morte, do sonho e do imundo? Para deixar essa pergunta pairando no ar, remeto o leitor ao perturbador filme de Roberto Rossellini em que um menino erra entre as ruínas de Berlim: *Alemanha, ano zero*, de 1948.[12] O final é trágico e seu horror, equiparável aos dos escritos de Bernhard; diria que há um fim sem ressurreição – depois dele há o Nada. Diferentemente,

---

11 S. Kofman, *A infância da arte: uma interpretação da estética freudiana*, 1996, p. 44.

12 Antes de lê-lo em Cixous, Cláudia Lemos já havia me indicado este filme impressionante. A Lemos, minha gratidão é sempre reatualizada, aqui, principalmente por ela ter escrito dois ensaios aos quais sempre retorno e que percorrem sub-repticiamente este ensaio: "Fragmentos de verdade e construção: uma questão da clínica e de sua transmissão para Freud" (in A. V. Leite, *Giros da transmissão em psicanálise*, 2009); e "O Moisés de Freud e o Joyce de Lacan: o pedestal e o escabelo" (in J. G. Milán-Ramos, Nina Virgínia de Araújo Leite e Suely Aires (orgs.), *A historicidade não é o que se espera: caso, ficção e poesia em psicanálise*, 2017).

o grito da literatura de Cixous transformará *néant* (nada) em *née en* (nascida em).[13]

A primeira vez que me deparei com a imagem da criança brincando sobre as ruínas foi na bela conferência intitulada *A Kind of Magic* [Um tipo de mágica], pronunciada na Inglaterra, quando Cixous se colocou a questão: "Qual o interesse da psicanálise para o não analista?" A resposta, evidentemente, é fragmentada e articula-se de muitas maneiras com o que quero colocar em jogo em torno da ruína principalmente a partir de *Ève s'évade*. Citarei os trechos fora da sequência linear da conferência: o primeiro fragmento que destaco diz respeito à genealogia e à criança, e o segundo diz respeito à genealogia e à cena primária. Traduzo o fragmento do inglês, mantendo em francês o que nela aparece em francês e, no original, o intraduzível:

> *I suspect Freud has always been for me a kind of ancestor of Derrida, or at least Derrida appeared to me very often as the sucessor, the only legitimate sucessor – or illegitimate sucessor – of Freud, as desconstructing genius. There has always been something joyful, Joyceful in the movement of ruining, cunningly, all the idées reçues. I'm interested in the boy; that's psychoanalysis: to be interested in the boy, it starts like that. It starts with Freud being interested in the little Freud, in the boy Freud, and then in other little boys. I'm interested in – let me quote this in French – 'ce garçon qui joue ainsi em moi sur les ruines': this boy who plays in this way, who thus plays, in me, on the ruins, this boy that plays in me on the ruins, on theses ruins – we all know what these ruins are. I bet you think this is a quotation of Derrida, and you're not wrong. But actually it is a quotation of Proust, which is lost somewhere in the ruins of unpublished pieces. Proust was an observer of ce garçon qui joue em moi sur les ruines, this boy who plays inside me*

---

13 H. Cixous, *Ayaï! Le cri de la littérature*, 2018b [Ed. bras.: *Ayaï! O grito da literatura*, trad. Flavia Trocoli, no prelo].

*on the ruins. I feel it is the perfect definition, not only of Proust –
which is quite extraordinary, it is not published because it was too
extraordinary – but for me it's the portrait of Derrida himself: the
boy playing inside himself on the ruins...*[14]

Suspeito que Freud sempre foi para mim um ancestral
de Derrida, ou, pelo menos, Derrida aparecia, muito
frequentemente, como o sucessor, o único sucessor legítimo –
ou sucessor ilegítimo – de Freud, como gênio desconstrutor.
Sempre tinha alguma coisa *joyful, Joyceful* no movimento de
arruinar, astutamente, todas as *idées reçues*.
Estou interessada no menino; isso é psicanálise: estar interessada
no menino, isso começa assim. Começa com Freud interessado
no menino Freud e depois em outros menininhos. Estou
interessada em – deixe-me citar em Francês – *ce garçon qui joue
ainsi en moi sur les ruines*: esse menininho que brinca desse jeito,
que brinca, em mim, nas ruínas, esse menino que brinca em
mim nas ruínas, nesta ruína – todos nós sabemos o que essas
ruínas são. Aposto que vocês pensam que esta é uma citação
de Derrida, e vocês não estão errados. Mas, na verdade, é uma
citação de Proust, que está perdida nas ruínas das peças não
publicadas. Proust foi um observador de *ce garçon qui joue ainsi
en moi sur les ruines*, esse menino que brinca em mim entre as
ruínas – o que é bastante extraordinário, isso não foi publicado
porque é demasiado extraordinário – mas para mim é o retrato
do próprio Derrida: o menino dentro dele nas ruínas...

Neste fragmento, há também uma indeterminação cuidado-
samente construída para equivocar. O menino que brinca sobre as
ruínas é Derrida, não é Derrida, é Proust, é este menino que brinca
em mim. Derrida, Proust e Freud brincam na escrita de Cixous e

---

14 H. Cixous, "A Kind of Magic", *A Journal of Modern Critical Theory*, vol. 36, nº 2, 2013,
p. 168.

nunca respondem ao enigma da criança que brinca *em mim* e que emerge desse texto fabricado pela mão arrancada de uma criança perdida entre os escombros de guerras sem fim. O traço mais cixousiano nessa sobreposição de cenas é a aliança incontornável entre o fim e o começo, a proximidade da morte e a memória da infância, a criança e a ruína, aliança que é a tinta (ou o leite-cinza) de sua escrita. Cito o fragmento proustiano de "Notas sobre a literatura e a crítica", em *Contre Sainte-Beuve*, para destacar uma das camadas de tempo dessas ruínas. Proust remete-se a um tempo em que não consegue capturar o liame entre duas ideias, e continua:

> Como ocorre sempre no outono, quando não há mais flores nem folhas, e sente-se nas paisagens os acordes mais profundos. E esse *menino que brinca assim em mim sobre as ruínas* não tem necessidade de nenhum alimento, nutre-se simplesmente do prazer que a evidência da ideia que descobre lhe dá; ele a cria, ela o cria, ele morre, mas *uma ideia o ressuscita* [...]. E penso que o menino em mim se diverte com isso [...]. Quem quer que seja esse ser, nada sei dele.[15]

Proust não nos lega pouco nessas linhas, afinal elas resumem o que está expandido em milhares de páginas de *Em busca do tempo perdido*. É quando tudo está perdido, quando o passado está morto, que sobrevém o acaso, abrindo uma porta e ressuscitando o desejo de escrever. O infantil, a morte e a criação são intermitentes. A literatura de Proust é feita no liame entre duas ideias, ela cria o menino e é criada pelo menino. Um menino desconhecido sempre prestes a morrer e a renascer na palavra. Passo agora ao segundo fragmento:

> *Shakespeare was my first Freud. Then I read Freud, bus first I read Shakespeare-as-Freud, actually. I feed on Shakespeare and*

---

15 M. Proust, "Notas sobre a literatura e a crítica" in *Contre Sainte-Beuve*, p. 139-140, grifo nosso.

I die on, or of, Edgar Poe. I'm God-spoken with Moses and Aaron, etc. I crawl along the line of the Nile. My maternal grandfather's family – that originated in **Trnava***, between Vienna, Prague and Bratislava – had exactly the same profile as Freud's family, and actaully traded with Freud's family.*
For Derrida, as for me, or for Cixous, there must have been a kind of primal scene – at lest one among others. There is one that we have in common, he with me, me with him, **and** *with Freud, as we'll see. [...] Instead of primal scene that would belong to the archive of sexuality, it had to do with Judeity, which was after all also a kind of sin that we would commit. [...] I was fascinated by the inferiority complex.*[16]

Shakespeare foi meu primeiro Freud. Então, li Freud, mas, na verdade, primeiro li Shakespeare-como-Freud. Eu me alimento de Shakespeare e morro de, ou do, Edgar Poe. Eu sou falada-por-Deus com Moisés em Aaron etc. Eu engatinho ao longo das margens do Nilo. A família materna de meu pai – originada em *Trnava*, entre Viena, Praga e Bratislava – tinha exatamente o mesmo perfil da família de Freud, e, na verdade, negociava com a família de Freud.
Para Derrida, como para mim, ou para Cixous, deve ter tido uma espécie de cena primitiva – pelo menos uma entre outras. Há uma que temos em comum, ele comigo, eu com ele, *e* com Freud, como veremos. [...] Em vez de uma cena primitiva que pertenceria ao arquivo da sexualidade, ela tem a ver com Judeidade, o que é, sobretudo, um tipo de pecado que cometemos. [...] Eu estava fascinada pelo complexo de inferioridade.

Em Ève *s'évade*, Cixous ficcionaliza essa aliança entre as famílias e os complexos, e Freud se torna *"mon oncle Freud"*, mas o giro genial não está nesse ponto, mas sim nos curtos-circuitos genealó-

---

16 H. Cixous, 2013, p. 165.

gicos, não somente entre pais e filhos, entre mães e filhas, mas entre livros que engendram outros livros, inventando uma bibliogenealogia a partir da biblioteca e do cemitério. Logo nas primeiras páginas, a mãe da narradora, Ève, sofre um "golpe de omificação", ou seja, diante da velhice acentuada da mãe, a narradora passa a ver na mãe a sua avó, Omi. Tais cenas passadas entre Cixous e Proust foram estudadas por mim e por Renato de Souza no capítulo anterior e, agora, posso me ocupar do paralelismos entre Hélène e Anna, filhas que acompanham os últimos tempos das vidas de sua mãe, Ève, e de seu pai, Freud, respectivamente, tornando-se as vozes deles diante do esquecimento e da palavra que a velhice impede de ser proferida. Escavemos essas gêneses e genealogias que Cixous ressuscita em cenas arruinadas entre Jensen e Freud, entre Yerushalmi e Derrida.

Entre a ruína e a vida, Cixous escreve Ève s'évade, lendo explicitamente Dante, Virgilio, Montaigne, Proust e Freud e, por omissão e apagamento, lê Derrida lendo Yerushalmi.[17] Entre a cinza e o traço, Derrida escreve Mal de arquivo: uma impressão freudiana[18] e lê Yerushalmi lendo Freud. Entre o voo e o traço de uma pegada, Freud escreve a sua Gradiva lendo Jensen. O primeiro passo de todos eles se dá sobre a destruição, sobre o fim, mas um fim que, de maneira intrigante, remeterá ao começo, à infância e aos seus restos.

Uma das vozes de Ève s'évade diz que escreve no instante do apocalipse. Como veremos, a narradora dirá que esperou quarenta anos por uma Visão, quer dizer: pela imagem das barras da prisão sobre a qual repousa toda a construção de sua infância. Sublinho a gestação, a construção dessa imagem da infância, afinal é ela que também demora a aparecer na Gradiva, de Jensen. Em Pompeia, o primeiro amor chega das cinzas, o que da infância de Hanold ficou soterrado na Alemanha.

---

17   No capítulo seguinte, proponho-me a ler o apagamento, a censura e a rasura em um caso de Freud dito pré-psicanalítico a partir do ensaio "Freud e a cena da escritura", de Derrida.

18   J. Derrida, Mal de arquivo: uma impressão freudiana, 2001.

Nas páginas finais de *Mal de arquivo: uma impressão freudiana*, Derrida afirma que Hanold sofre do mal de arquivo. Exímio decifrador (mestre na arte de decifrar, como Édipo, aliás), sua ciência, a arqueologia, não lhe serve para decifrar o enigma do passo de Gradiva. Quando Pompeia retorna à vida, Hanold compreende que atravessou Roma e Nápoles para reencontrar os rastros de Gradiva. Tudo isso lhe vem num *ato de memória*, ponto a partir do qual ele não pode retornar para a Alemanha, nem para a arqueologia. O que Derrida não tinha se dado conta nem com Jensen, nem com Freud, é que essa busca é literal. Hanold sonha reviver a si próprio e ao outro. Sonhar com o instante insubstituível é uma condição da singularidade, do segredo, do testemunho, escreve ainda Derrida. E esta unicidade só pode ser sonhada no só-depois. A memória fiel de uma singularidade só pode ser entregue ao fantasma.

A cada viagem em busca da origem, ela, a origem, se perde, e, neste giro, os fantasmas ressuscitam. Na cadeia que busco reconstituir, depois do pai de Hamlet, ou seria depois de Moisés, Gradiva é o primeiro fantasma. Escutemos o que escreveu Jensen:

> [...] É verdade que aqui e ali ressoava uma espécie de murmúrio, que parecia sair das pedras, só revelado pelo doce sussurro do vento sul [...] E era como se se submetessem aqui, mais rigorosamente ainda, à lei da calma tórrida e sagrado do meio-dia, desta hora de espectros, quando a vida devia calar-se e esconder-se porque os mortos, a esta hora, despertavam e começavam a conversar na língua muda dos fantasmas.[19]

Yosef Haym Yerushalmi, em *O Moisés de Freud: judaísmo terminável e interminável*,[20] lido e reencenado por Derrida em *Mal de arquivo*, inventa um monólogo com Freud, o segundo fantasma,

---

19 J. Wilhelm, op. cit., p. 17.

20 Y. H. Yerushalmi, em *O Moisés de Freud: judaísmo terminável e interminável*, 1992.

depois de Gradiva, que não responde ao que lhe é perguntando. Sobre a psicanálise ser uma ciência judaica, Freud não respondeu, mas deixou que a voz de Anna, sua filha, o fizesse. Vou me permitir uma longa citação deste belo livro de Yerushalmi:

> Em 1º de agosto de 1938, realizou-se o 15º Congresso Psicanalítico Internacional entre o presságio da iminente guerra e um desânimo geral quanto à erradicação do movimento psicanalítico, não apenas na Alemanha, mas agora também em Viena. [...] Muito velho e doente para comparecer, Freud enviou Anna de Londres para representá-lo. [...]. Assim, entre outras coisas, os delegados em Paris ouviram Anna Freud ler o seguinte em nome de seu pai:
> [...] 'Os judeus preservaram sua inclinação para os interesses espirituais. O infortúnio político da nação ensinou-lhes a apreciar a única posse que haviam mantido, sua literatura, em seu verdadeiro valor.'
> [...] O senhor nos deixou, professor Freud, na eclosão de uma guerra cujo pleno horror e cuja devastação de um terço do povo judeu o senhor não teria previsto. [...][21]

Para pensar o que guarda o arquivo e o que destrói o arquivo, Derrida ressuscita essas cenas e Cixous as revisita e as reescreve a partir dos fantasmas de Ève e de Omi. Ruínas e fantasmas que trazem a recordação que evade pelas grades da memória e da citação em luta contra as cinzas, contra a "solução final" que ordena que tudo seja destruído, sem traço, sem ruína. Apesar das cinzas e por considerar as cinzas, a escrita do fim de Ève e do fim de Freud possibilitaria o engendramento da imagem da qual se ergue a infância da narradora. Ela diz que esperou quarenta anos por uma Visão, por uma imagem destinada a ela, aquilo que, repito, ela chama de "*souvenir de soupirail*" – uma lembrança de gradezinha

---

21 Y. Yerushalmi, op. cit., p. 86 e 154.

de ventilação. Como se, diante do fim, a imagem se evadisse pelas grades da memória do esquecido e da escrita como ressuscitação! O retrato do destino é reconhecido depois de uma longa noite vista a partir do corpo mais maternal do mundo:

> *Je reviens au temps et au lieu de l'Apocalypse: il est midi; je suis seule avec la Tour à mon côte [...].*
> *C'est alors que je vois apparaître devant moi, au-dessus des touffes de coeurs-de-marie, la Vision que je reconnais comme à moi destinée depuis toujours, et qui pendant quarante ans m'était restée inaperçue, toute proche, et maintenue invisible pendant tout la durée de mon aveuglement. [...] Ce qui signifie peut-être que de près, tout près, sans que rien ne nous séparât, je n'aurais pas supporté d'en recevoir la vérité sans le manteau dont dejà je la vêts. Je me vois appuyée à la Tour comme au corps de plus maternel du monde, saisie par cette double révélation, celle de l'Image, dans laquelle je reconnais le portrait de mon destin, et celle de cette longue nuit inerte qui m'a gardée pendant quarante ans dans sa caverne. Je vois que je n'ai pas encore décrit cette image. [...] Il est vrai, problablement, que cette difficulté extrême à se laisser décrit, nommer quoi, s'observe souvent pour des scènes ou chez personnes qui reparaissent après des années d'oubli ou d'enfermement. Tout se passe alors comme si l'apparu ou bien l'archeologue de voûtes et des cryptes éprouvait un chagrin contrariant, la crainte de perdre en se manifestant les étranges et penicieux plaisirs qui suintent dans la crypte. Il fait si sombre, on croit qui l'on va lâcher l'ombre insondable pour nous, nous ne sommes pas sûrs de vouloir le partager même avez nous-mêmes. Je divague.*[22]

Retorno ao tempo e ao lugar do Apocalipse: é meio-dia, estou só com a Torre ao meu lado [...].

---

22   H. Cixous, *Ève s'évade*, 2009a, p. 34-35.

É então que vejo aparecer diante de mim, acimas dos tufos do coração-de-maria, a Visão que reconheço como destinada a mim desde sempre, e que durante quarenta anos restou desapercebida, bem próxima, e mantida invisível durante toda a duração da minha cegueira. [...] O que significa talvez que de perto, de bem perto, sem que nada nos separasse, eu não teria suportado receber a verdade sem o casaco com que a visto. Me vejo apoiada à Torre como ao corpo mais maternal do mundo, entrada para essa dupla revelação, a da Imagem, na qual reconheço o retrato de meu destino, e a dessa longa noite inerte que me guardou durante quarenta anos em sua caverna. Vejo que ainda não descrevi essa imagem. [...] Provavelmente, é verdade que essa dificuldade extrema em se deixar descrever, nomear, é o que se observa frequentemente com cenas ou com pessoas que reaparecem depois de anos de esquecimento ou de reclusão. Tudo se passa como se o aparecido ou o arqueólogo de abóbodas e de criptas experimentasse uma tristeza perturbadora, o medo de perder surge nos estranhos e perniciosos prazeres que escorrem da cripta. Escurece, creio que vamos deixar a sombra insondável por um pouco de luz limitada. O que é um verdadeiro tesouro para nós, não estamos certos de querer compartilhá-los mesmo com nós mesmos. Divago.

Uma página depois, a aparição:

Mais um jour où je sors précipitamment de la Tour seule à ma solitude, et tandis que je m'appuie à sa poitrine, um souvenir de soupirail me revient, d'abord vague, puis précisant peu à peu puis foudroyant et avec un étonnement vertigineux je reconnais les barreaux de ma grille, celle sur laquelle repose toute la construction de mon enfance et je rappelle que je suis née d'une prison et d'une liberté.[23]

---

23   H. Cixous, 2009a, p. 37.

Mas um dia, ao sair precipitadamente da Torre só em minha solitude e enquanto me apoiava em seu peito, uma lembrança de gradezinha de ventilação retornou em mim, primeiro vaga, se tornando precisa pouco a pouco, depois relampejando, e com espanto vertiginoso reconheci as barras de minha prisão, aquelas sobre as quais repousa toda a construção de minha infância, e me lembro que sou nascida de uma prisão e de uma liberdade.

Um nada, um esquecimento, uma cinza moram nas ruínas da memória da narradora, mas eis que da escrita da evasão de Ève e de Freud irrompe a recordação que transforma o nada em nascimento. Nascida de uma prisão e de uma liberdade, a imagem condensa o sonho do prisioneiro lido por Freud e por Ève, a Viena ocupada pelos nazistas, a Argélia colonial, a prisão de todos aqueles que a narradora amou e a liberdade de escrever essas monstruosidades na literatura. Para isso, em *Ève s'évade*, ela se tornou sobrinha de Freud, isto é, aquela que fez da ruína uma carta que *sábios em vão tentarão decifrar*. As pedras falam, os mortos também – agucem os seus ouvidos e recebam essas *cartas da noite* em que nossa infância está submersa, como o tio de Cixous as recebeu. É sabendo lê-las que podemos sonhar com a aurora para que não sejamos só cinzas, mas também ruínas de onde brota isso que Clarice Lispector, em "A imitação da rosa", definiu assim: "aquela última instância: a flor".[24]

---

24 C. Lispector, "A imitação da rosa" in *Laços de família*, 1993, p. 64.

REFABRICAR MINHA *LALEMÃ*, MOLÉCULAS DO IDIOMA *CIXOUS*

Em memória de meu tio Cláudio Trocoli, que partiu enquanto eu escrevia essas recordações de infância e, de repente, foi tarde demais.

"Durante sua análise pessoal, o analista é levado a retomar contato com a criança que nele existe (isto é, com as etapas dessa infância que puderam ter qualquer parentesco com uma "crise" de loucura): ele redescobre, dessa forma, através de uma linguagem esquecida, as palavras perdidas de um dialeto materno (ou língua materna): são essas palavras reencontradas, associadas aos jogos, aos risos e dramas de sua infância que, na sua prática analítica, vão lhe servir para falar ao paciente ('louco', 'débil mental' ou neurótico)."
Maud Mannoni, *A teoria como ficção*

Rasurar as lembranças encobridoras

Como uma criança que ainda não pode ver – e quem poderá? – começo, obliquamente, com uma ficção teórica escrita pela rasura dos séculos. Sobrescrevo o primeiro ensaio em torno das "Lembranças encobridoras", substituindo esta expressão por *lalíngua*:

Lalíngua nos mostra nossos primeiros anos não como eles foram, mas tal como apareceram nos períodos posteriores em que as recordações foram despertadas. Nesses períodos de despertar, *lalíngua* não emergiu, como as pessoas costumam dizer; ela foi *formada* nessa época. E inúmeros motivos, sem qualquer precisão histórica, participaram de sua formação, assim como da seleção das próprias lembranças.[1]

Da vasta obra freudiana, transitarei entre dois textos que portam em seus títulos as lembranças encobridoras, um de 1899 e outro de 1901. Eles formam um duplo e antecipam outros duplos deste capítulo: Ève e Freud, Hélène e Anna, *Omi* e a avó do narrador proustiano, a mãe e o bebê. Já indiquei que os duplos são uma paixão da escrita de Hélène Cixous e, como as lembranças de Freud, estão em um movimento de reescrita que não cessa.

De 1899, recolho a ênfase na questão do *só*-depois,[2] como se o tempo retraduzisse o pensamento em imagem visual, ou em cena, que porta várias camadas não-hierárquicas. Amor e fome foram substituídos e deslocados para lembrança da flor de amarelo nítido e para o sabor forte do pão. Tal escrita, que só-depois saberemos portar rastros autobiográficos, desloca e condensa, sendo posterior ao instante vivido, já que o sujeito que recorda se vê como criança, é objeto entre objetos na cena. É o que aprendemos também em *No caminho de Swann*, de Marcel Proust, este duplo de Freud,[3] quando o narrador, no vaivém do tempo, narra o drama do deitar vendo-se

---

1 S. Freud, *Obras completas. Volume VI: Sobre a psicopatologia da vida cotidiana*, 1996, p. 304, grifo do autor.

2 Para uma síntese da noção, ver nota 83, p. 33.

3 Em *Philippines: prédelles* (2009b), Cixous diz claramente que Freud é gêmeo de Proust; já na conferência "Kind of Magic" (2013), Freud, Proust e Derrida são uma espécie de tríade que se confunde e se indistingue na imagem da criança que brinca sobre as ruínas. Além desses dois textos, recomendo também ao leitor o ensaio "Portmanteau", de Nicholas Royle (*New Literary History*, vol. 37, nº 1, p. 237-247, 2006) em que ele pensa a palavra-valise e seus efeitos incômodos (*unheimlich*), de sentido e não sentido, em Freud, Cixous, Derrida e Carrol.

como objeto entre objetos de seu quarto e do drama da espera do beijo da mãe.

De 1901, em *Sobre a psicopatologia da vida cotidiana*,[4] segundo momento da elaboração freudiana, destaco não só a relação que Freud, também ele, estabelece entre a composição da lembrança e o palco (*scène*!), mas também que a lembrança encobridora estabelece relações temporais diversas com aquilo que encobre: ela pode ser anterior, posterior ou contígua ao que se omite. A memória censura, omite, esquece, e produz algo diverso como substituto. Freud chama nossa atenção para o fato de que naturalizamos o esquecimento em que submergem nossas lembranças de infância e deixamos de tratá-lo como um "estranho enigma". Depois de ter sublinhado a estranheza, desta vez, Freud confessará que agora tratará de uma lembrança de sua infância. Resto ao qual ele retorna aos 43 anos de idade. Trata-se de uma cena em que ele, menino de três anos, chora parado diante de uma arca e da consecutiva entrada da mãe, "linda e esguia", na cena. A leitura analítica da cena a situa em torno da gravidez de sua mãe, de suas relações com seus irmãos, o mais velho e a mais nova. Tal cena retornará no fim deste texto.

Por ora, voltemos à rasura feita mais acima. Penso que ela é autorizada pela própria estrutura enunciativa da obra freudiana, que implica um trânsito por temporalidades diversas, posições discursivas mutantes, revisões, acréscimos, pontes verbais, elementos que mostram como forças poderosas agem sobre o esquecido e sobre seu retorno deformado. Com esses elementos, encena-se um vaivém na escrita da obra freudiana que é efeito da prática psicanalítica, das elaborações do analista, dos eventos históricos e biográficos, das leituras literárias. Do tempo que passa. Penso, por exemplo, nas escritas de "O incômodo"[5] e de "Além do princípio do prazer".[6] Neles, o impacto da guerra, da clínica,

---

4 S. Freud, *Obras completas. Volume VI: Sobre a psicopatologia da vida cotidiana*, 1996.

5 S. Freud, "O incômodo", 2021.

6 S. Freud, "Além do princípio de prazer", 2016.

da morte da filha Sofia e da leitura de Hoffmann produzem escritas em que Freud ocupa posições enunciativas heterogêneas, desenhando e rearticulando, fragmentariamente, os impasses e os passos claudicantes clínicos e teóricos. Não à toa, ele encerra o ensaio de 1920 lembrando que as Escrituras dizem que mancar não é pecado.

Neste momento, revisitarei um desses movimentos da escrita freudiana, partindo de um de seus textos ditos pré-psicanalíticos, e destacarei que a lembrança de infância, o caso, a escrita literária – tendo que contar com a imaginação e com as rasuras do tempo para ganharem forma, como temos mostrado também em *Ève s'évade – la ruine et la vie* – não são nunca quadros estáticos, mas cenas metamorfoseadas por novas reescritas. Nunca conceitos prontos, mas reencenações submetidas à temporalidade do inconsciente, em que restos, rastros, esquecimentos, apagamentos estão em movimentos a serem perdidos e reencontrados pela escrita, movimentos no tempo que ganharam relevo na leitura de Jacques Derrida, uma das lentes para eu reler Freud ao lado da citação de Proust da qual fizemos epígrafe e que precisa retornar neste momento:

> [...] um livro é um vasto cemitério onde na maioria dos túmulos já não se leem as inscrições apagadas. Por vezes, ao contrário, lembramos perfeitamente o nome, mas sem saber se algo da criatura que o usava sobrevive nestas páginas. Estará aqui a moça de olhos fundos e voz arrastada? E, se se encontra mesmo aqui, em que lugar já não sabemos; e como descobri-la sob as flores?[7]

Après-coup, a mão se levanta, escreve, apaga, com corte e com outros nós, os laços entre os duplos se fazem, desfazem-se, refazem-se.

---

7 M. Proust, *O tempo recuperado*, 2004.

Reler o caso *Katharina*, um rodapé e a *"Nota sobre o bloco mágico"*

Nestor Braunstein, em seu belo livro intitulado *Memoria y espanto*[8] [Memória e espanto], escreve que a memória tem três faces: lembrança, esquecimento, recalque. São três faces e duas mãos: uma mão inscreve, a outra apaga, e as duas nos levam até "Freud e a cena da escritura", de Jacques Derrida, publicado em *A escritura e a diferença*,[9] em 1967, e é preciso situar esse texto em um tempo talvez ainda programático da desconstrução derridiana. Tempo em que Derrida se ocupa em estabelecer uma leitura crítica dos binarismos que constituem a metafísica ocidental: presença e ausência, fala e escrita, memória e esquecimento. Esses binarismos estabelecem uma ordem opositiva e hierárquica em que o primeiro elemento do par tem primazia sobre o segundo. Nesse ensaio, proferido inicialmente como uma conferência, Derrida mostra o trajeto da escrita freudiana – da "Carta 52"[10] até "Nota sobre o bloco mágico" –, indicando que a passagem da descrição neurológica para um modelo metafórico da memória inconsciente implica situar a psicanálise freudiana, não propriamente seus conceitos, mas seu discurso, ao lado de uma certa desconstrução em que presença e ausência, fala e escrita, memória e esquecimento não estariam mais regidos por uma lógica opositiva e contraditória, mas coexistiriam de maneira dinâmica. Em outras palavras, ao pensar o inconsciente como uma máquina de escrever, o discurso freudiano escapa à filosofia da consciência cuja primazia é a do eu presente a si e emissor

---

8   N. Braunstein, *Memoria y espanto o el recuerdo de infância*, 2008.

9   Respeito aqui o trabalho da tradutora e mantenho a tradução de *écriture* por "escritura". Em outros momentos, quando relacionados a trechos traduzidos e escritos por mim, opto por "escrita", por não trazer as marcas bíblica e jurídica que a palavra em português brasileiro porta.

10   A Carta 52 da correspondência de Freud a Fliess pode ser considerada o primeiro momento da teorização freudiana em torno da memória. Para quem lê Derrida e Cixous, é significativo que esse momento incontornável esteja em um carta.

de uma palavra com a qual ele se identificaria, numa relação de identidade e de propriedade.

No ensaio "Freud e a cena da escritura", Derrida pensa como a metáfora da escrita materializada no bloco mágico responde como uma cena e não como um quadro estático, refutando aquilo que ele chama de tese vulgar sobre o inconsciente, qual seja: de que ele seria intemporal. Aliás, o tempo e os movimentos de inscrição e reinscrição são marcas da memória inconsciente em que o traço mnêmico é duradouro, mas não imutável. Essas marcas estão na escrita freudiana, e Derrida, a cada vez, se colocará a lê-las, as marcas e a escrita, como encenação sempre problemática de um conceito que nunca se fixa, sempre submetido a um novo rearranjo, aliás, a exemplo das lembranças de infância tal como enfatizei acima. A escrita freudiana e o que Derrida lê nela encenado afastam-nos da concepção platônica de que a escrita é uma técnica a serviço da memória e não ela própria memória.

No primeiro parágrafo da "Nota", o próprio Freud parece cair na armadilha platônica, ao dizer que, quando desconfia de sua memória, pode completar e garantir sua função tomando notas, o que colocaria a escrita como um auxiliar a serviço da memória. Contudo, não é isso que se dará com o gesto de colocar a deformação, o apagamento/a desaparição e a mutabilidade como constituintes da memória e confundi-la, por fim, com uma escrita. Assim, a mágica do bloco estaria na possibilidade de arranjo de mais de um movimento do aparelho psíquico, quais sejam: reter permanecendo capaz de receber. Escreveu Freud em 1925:

> O Bloco fornece não apenas uma superfície receptora que sempre pode ser usada, como uma lousa, mas também traços duradouros da escrita como um bloco de papel normal. Ele resolve o problema de juntar duas operações ao distribuí-las por dois componentes – sistemas separados, mas inter-relacionados [...] não me parece ousado demais comparar a folha de cobertura feita de celuloide e papel encerado com o

sistema Pcp-Cs e sua proteção contra estímulos, a tabuinha de cera com o inconsciente por trás deles, e o aparecimento e desaparecimento da escrita com o cintilar e esvanecer da consciência na percepção. Mas confesso que estou inclinado a levar ainda mais longe a comparação. [...] No Bloco Mágico a escrita desaparece a cada vez que se interrompe o íntimo contato entre o papel que recebe o estímulo e a tabuinha de cera que conserva a impressão. Isso concorda com uma noção que há muito tempo formei sobre o funcionamento do aparelho psíquico perceptivo, mas até agora conservei para mim. Fiz a suposição de que inervações de investimentos são enviadas e novamente recolhidas, em breves empuxos periódicos, do interior para o totalmente permeável sistema Pcp-Cs. [...] É como se o inconsciente, através do sistema PCp-Cs, estendesse para o mundo exterior antenas que fossem rapidamente recolhidas, após lhe haverem experimentado as excitações. Assim, as interrupções que no Bloco Mágico acontecem a partir de fora se dariam pela descontinuidade da corrente de inervação, e no lugar de uma verdadeira suspensão do contato, haveria, em minha hipótese, a periódica não excitabilidade do sistema perceptivo. Também conjecturei que esse funcionamento descontínuo do sistema Pcp-Cs estaria na origem da ideia de tempo. Se pensarmos que, enquanto uma mão escreve na superfície no Bloco Mágico, a outra levanta da tabuinha de cera periodicamente a folha da cobertura, temos uma representação concreta do modo como procurei imaginar a função do nosso aparelho psíquico perceptivo.[11]

A citação é longa e dela extraímos que "A Nota sobre o bloco mágico" escreve o encontro da imaginação teórica de Freud

---

11 S. Freud, "Nota sobre o Bloco Mágico" in *Obras completas. Volume 16: O Eu e o Id, "Autobiografia" e outros textos*, 2011, p. 272-274.

com um brinquedo – aqui não temos evidências de que seja de um de seus netinhos. Em 1925, após trinta anos de busca, o inimaginável ganha imagem em um brinquedo que não funciona sozinho e que requer duas mãos, uma para escrever, a outra para apagar. E, também, dois tempos e dois movimentos de inscrição e de desaparição. Escreve Derrida: "Os traços não produzem, portanto, o espaço da sua inscrição senão dando-se o período de sua desaparição. Desde a origem, no presente de sua primeira impressão, são constituídos pela dupla força de repetição e de desaparição, de legibilidade e de ilegibilidade."[12]

Depois de percorrer muitos momentos da obra freudiana, de enfatizar que é mais justo comparar o sonho a um sistema de escrita do que a uma língua, de afastar a vulgaridade do conceito de intemporalidade e afirmar que o tempo é a economia da escrita em sua demora, repetição e posterioridade, Derrida escreverá que

> [...] a escrita é impensável sem o recalque. A sua condição é que não haja nem um contato permanente nem uma ruptura absoluta entre as camadas. Vigilância e fracasso da censura. Não é por acaso que a metáfora da censura saiu daquilo que, no político, diz respeito à escrita nas suas rasuras, espaços em branco e disfarces, [...].[13]

Dito isso, retornemos às *Conferências introdutórias* de Freud, mais precisamente, quando ele passa do sonho ao jornal daqueles dias, em tempos de guerra: "Apanhem qualquer jornal que trate de política e os senhores verão que, aqui e ali, o texto está ausente; em seu lugar rebrilha o branco do papel. Todos aqui sabem que se trata de censura à imprensa."[14] E, mais adiante: "Omissão, modificação,

---

12 J. Derrida, *A escritura e a diferença*, 1971, p. 221.

13 Ibid., p. 221.

14 S. Freud, *Conferências Introdutórias à psicanálise* (1916-1917), 2014. p.187.

reagrupamento do material são, portanto, os efeitos produzidos pela atuação da censura [...]."[15]

Com essas considerações em torno da cena da escrita que, a todo tempo, se confessa como cena, isto é, como submetida aos rearranjos do tempo, proponho o retorno aos *Estudos sobre histeria*, mais precisamente, ao quarto caso, "Katharina", para mostrar como um escrito dito pré-psicanalítico porta as marcas dessa máquina de escrever inconsciente: inscrevendo, apagando, censurando, transformando o quadro estático em cena, em movimento metafórico e metonímico. Antes, contudo, de voltarmos ao século XIX, lembro que, em seu primeiro seminário, Lacan afirmou que, para Freud, "a restituição do passado permaneceu, até o fim, no primeiro plano de suas preocupações";[16] e enfatizo que a escrita freudiana, de tempos em tempos, censura e só-depois pode dar com a língua nos dentes, quase ao pé da letra. Pensemos as condições que podem fazer o relato passar à escrita de caso, justamente no ponto em que Freud se inclui na cena (não como parte dos enunciados, mas como aquilo que eu talvez chamasse de leitor, isto é, como aquele que produz uma virada da cena pelo avesso). Freud o faz através do retorno de uma censura que, só-depois, precisa ser transmitida como advertência aos analistas.

O relato do caso Katharina emerge de uma virada, isto é, quando as férias planejadas de Freud passam a ser uma viagem. Em outras palavras, aquilo que fora definido como trajeto entre uma origem e um destino sofre um desvio. Assim, o destino de Freud era "esquecer por um momento a medicina, e, particularmente, as neuroses." No cimo da montanha, imerso na contemplação, é interpelado pela seguinte pergunta vinda de uma moça: "O senhor é médico?" Tão esquecido de si, o narrador primeiro julga que a interpelação não lhe dizia respeito e, só no instante posterior, se coloca como lugar de endereçamento da pergunta. Como um bom

---

15 Ibid., p.189.

16 J. Lacan, *O seminário – Livro 1: Os escritos técnicos de Freud*, 1986, p. 21.

personagem trágico, Freud não deixa de lado o acaso e a encruzilhada e se vê, de novo, em meio às neuroses. O narrador dirá ainda que reproduzirá a conversa tal como ficou gravada em sua memória, sem alterar o dialeto da paciente. Em nota, o leitor brasileiro é advertido de que não é possível produzir as peculiaridades desse dialeto. Primeiro ponto de intraduzibilidade, de resistência portanto.

A moça, então, relata a falta de ar de que sofre e que, nesse instante de crise, acha que vai morrer, não se atreve a ir a lugar nenhum e acha que tem alguém atrás dela, que vai agarrá-la a qualquer momento. O rosto que a persegue é pavoroso, e a moça diz a Freud que não o reconhece. Ele, então, nos adverte que não se atreveu a transplantar a hipnose para essas alturas e apostou no êxito de uma simples conversa. Oferece uma primeira leitura dos ataques: "Você viu ou escutou algo que a incomodou muito, que você preferia não ter visto." Katharina morde a isca e diz ter flagrado seu tio com sua prima Franziska. Mais ainda: diz ter contado à tia e que, agora, seus tios estão separados e ela, Katharina, é a culpada por ter dado com a língua nos dentes.

Freud pergunta à Katharina como ela chegara à descoberta. Ela relata, então, a cena em que vê o tio deitado sobre Franziska. Nesse momento, Katharina se afasta e sente pela primeira vez a falta de ar. Freud pergunta se ela sabia o que estava acontecendo, e ela diz que não havia entendido, não sabe com o que ficara tão assustada, e que esquecera tudo. Em seguida, relata que comunicara o segredo à tia, o que ocasionou cenas desagradáveis entre a tia e o tio, que a tia deixara o tio com Franziska, que engravidara nesse meio-tempo. Para o espanto de Freud, Katharina abandona esse fio e começa o relato de duas séries de histórias mais antigas, quando, aos 14 anos de idade, o tio a assediara sexualmente. Freud entende, então, o que se passou, entre a visão do casal copulando e o que ela viveu e não compreendeu. "Com isso, o enigma estava solucionado. Não a repugnara a visão dos dois, mas uma lembrança que aquela visão lhe despertara e, tudo pesado, essa só podia ser a lembrança da investida noturna, quando ela 'sentiu o corpo do tio.'"[17]

Freud revela a cena sob a cena e a personagem sob a personagem: "quando olhou para dentro do quarto. Você pensou: agora ele faz com ela o que naquela noite e nas outras vezes quis fazer comigo." E pede que ela diga com exatidão: "O que realmente sentiu do corpo dele naquela noite?"[18] Katharina não responde, e Freud pode imaginar que tocara no fundo da coisa quando não há mais a dizer. "Eu podia imaginar qual a sensação tátil que ela depois aprendeu a interpretar; eu imaginava a coisa certa, mas eu não podia insistir mais."[19] A escrita não se encerra, contudo, com o voto de Freud de que a conversa tenha ajudado a moça tão precocemente ferida na sua sensibilidade sexual. Há uma nota final, acrescentada em 1924. Nela, Freud escreve o que foi omitido, modificado, censurado. Cito na íntegra:

> Após tantos anos, atrevo-me a faltar com a discrição que então observei, para informar que Katharina não era a sobrinha, mas a filha da estalajadeira. A garota adoeceu, portanto, em decorrência das tentativas de sedução sexual que partiam do próprio pai. Uma distorção como a que fiz nesse caso deveria ser evitada numa história clínica. Naturalmente, ela não é tão irrelevante para compreensão como, por exemplo, a transposição do cenário de uma montanha para outra.[20]

Assim, é no só-depois que Freud pode rasurar o tio para sobrescrever o pai, desfazendo e enfatizando a deformação, confessando a cena do incesto. E, mais ainda, confessando que, na cena

---

17 S. Freud, *Obras completas. Volume 2: Estudos sobre a histeria em coautoria com Josef Brauer*, 2016, p.189.

18 Ibid., p. 189.

19 Ibid., p. 190.

20 Ibid., p. 194.

da escrita e da memória inconsciente, o narrador, também ele, está submetido às suas leis. Mas em que essa inscrição reordenaria a escrita do caso? O que podemos ler do que fica apagado entre o que do corpo do pai Katharina sentiu e não pôde interpretar e a alucinação com a cabeça pavorosa e a nota de rodapé escrita trinta anos depois? O que da psicanálise se escreveu para que, trinta anos mais tarde, Freud pudesse inscrever do que escutou da filha de um pai que não opera com a interdição?

Pode-se dizer que, na censura, confessada em rodapé (dizer isso não é pouco quando pensamos que o outro personagem é Derrida que em rodapé escreveu sua *circonfissão* diante do corpo morrente de sua mãe), a tradução do pai para o tio fracassa e, nesse fracasso, se dá corpo ao intraduzível, ao que traumaticamente, por vezes, não admite metáfora e desalinha o sentido, conduzido ao/ pelo corpo do pai, e não ao/ pelo seu Nome. Lá onde deveria estar o interdito, adveio o trauma.

Gostaria de propor ainda que a nota de 1924 escreve não um umbigo, uma cicatriz como na leitura do sonho de Irma, mas uma ferida que se reatualiza no *corpus* da psicanálise. Sobre esta ferida, Freud precisou de um tempo para dar com a língua nos dentes. Melhor, com uma mão ele escreveu, com a outra fez desaparecer, cegando-nos, fez-nos ver. No próximo tempo deste texto, em que me debruçarei sobre a escrita de Hélène Cixous, tentarei articular o tempo que demora para uma visão emergir às marcas deixadas na língua pela *lalíngua*.

Ritmar com a lalemã

Para deixar entrar a *lalemã*, permito-me uma longa citação extraída de *A chegada da escrita*, ensaio cuja primeira parição foi em 1976 e que, não por puro acaso foi publicado no livro intitulado *Entre l'écriture*, precedendo ensaios sobre James Joyce escritos por Cixous neste mesmo período:

Dans la langue que je parle vibre la langue maternelle, langue de ma mère, moins langue que musique, moins syntaxe que chant de mots, beau Hochdeutsch, chaleur rauque du Nord dans le frais parler du Sud. L'allemand maternel est le corps qui nage dans le courant, entre mes bords de langue, l'amant maternel, la langue sauvage qui donne forme aux plus anciennes aux plus jeunes passions, qui fait nuit lactée dans le jour du français. Ne s'écrit pas: me traverse, me fait l'amour, aimer, parler, rire de sentir sont air me caresser la gorge. Ma mère allemande à la bouche, au larynx, me rythme. [...]Tenter de faire de la langue primitive, de la chair du souffle, une langue-objet. Ma lalemande!

Na língua que falo, vibra a língua materna, língua de minha mãe, menos língua que música, menos sintaxe que canto de palavras, belo *Hochdeutsch*, calor rouco do Norte no fresco falar do Sul. O alemão materno é o corpo que nada na corrente, entre minhas bordas de língua, o amante materno, a língua selvagem que dá forma às antigas e às mais jovens paixões, que faz noite leitosa no dia do francês. Não se escreve: me atravessa, me faz o amor, amar, falar, rir de sentir seu ar me acariciar a garganta. Minha mãe alemã na boca, nas laringes, me ritma. Tentar fazer da língua primitiva, da carne do sopro, uma língua-objeto. Minha lalemã![21]

Deixo a citação na posta restante e salto para o livro de 2009.

"Eis, então a Vida Nova" é a primeira fase de *Ève s'évade – la ruine et la vie*. Pode-se se dizer que o livro começa com Dante, embora a *Vida nova* venha em francês, Nouvelle Vie, e sem os itálicos com os quais citamos títulos de obras. A escrita prossegue: "Seu rosto muito velho em que brilha a juventude eterna. Diante de mim e tomado de uma precipitação. Vejo que via o tempo tom-

---

21   H. Cixous, "La venue a l'écriture", 1986, p. 31-32. [Ed. bras.: *A chegada da escrita*, 2024, p. 33-34.] Em português do Brasil, talvez caísse melhor traduzir por "lalemão", mas preferi uma certa estranheza no "lalemã", para manter o feminino e deixar ressoar a mãe.

bar."[22] Do título do livro, que condensa e desloca títulos de volumes de *Em busca do tempo perdido*, ao rosto velho em que brilha a eterna juventude, o leitor salta de Dante a Proust, de Beatriz à avó do narrador proustiano que, quando morta, se torna uma mocinha medieval através do olhar do neto. O tempo que tomba conduz à tumba e, como em sonho, suprime a separação entre os mortos e os vivos. Nos próximos parágrafos, ainda evocando cenas e procedimentos proustianos, a voz da narradora verá a mãe, Ève, muito velha se transformar em sua avó, Omi. O *choque dessa aparição* é também chamado de *golpe de omificação*. Golpe que, tragicamente, perturba a genealogia, já que a mãe se torna a avó, a filha se torna neta da mãe. Mas essa não é a única perturbação.

Em *Ève s'évade – la ruine et la vie*, extremos, como a velhice e a infância, estão postos em uma relação *moebiana*, já que a mãe se torna também o bebê da filha. Não tardará a aparecer no livro uma outra evocação, a do quadro *Cimon e Pero*, de Peter Paul Rubens. Nele, para salvar o pai preso da fome, a filha faz seu seio passar entre as grades da prisão, para amamentá-lo. O livro de Hélène Cixous, contudo, não dará relevo à questão incestuosa que, no quadro, se pode ler. Segundo a narradora, uma leitura sublime da imagem irá além dos limites da filiação para ver a filha dar novamente a vida ao pai, acentuando o leite que salva, em homologia à tinta da escrita.

Neste ponto, rasura-se o nome de Ève, deslocando e substituindo, e a evasão torna-se a do seio que passa entre as grades da prisão, como também, mais adiante na narrativa, será a evasão de Freud de Viena, em fuga do nazismo, para morrer em liberdade em Londres. Assim, nas primeiras páginas, entre recordações, omissões, esquecimentos, as rasuras criam um paralelismo entre Ève, Beatriz de Dante, a avó do narrador proustiano, o seio, Freud, o prisioneiro, como veremos mais adiante. E, também, entre a filha, o neto, o bebê, Anna Freud e o livro que liberta os vivos e os mortos

---

22   H. Cixous, *Ève s'évade – la ruine et la vie*, 2009a, p. 9.

para a outra-vida-escrita. Se, na seção anterior, Freud com Derrida nos situaram entre a cabeça monstruosa, a mão que escreve e a outra que apaga, aqui deslizaremos entre o umbigo e o útero, entre a pele e o olho. Vimos anteriormente que, no sonho da viagem a Londres, estão justapostos: fuga, valise, ventre, umbigo, órgãos genitais, papéis escritos e túmulo. Ao lado da justaposição, encontra-se também a decomposição da palavra Londres em fragmentos sonorizados. Essa decomposição dos sons não deixa de nos remeter à surdez de Ève, que escuta as palavras em pedaços e em ecos. E, certamente, o deslocamento operado pelo livro de Cixous do umbigo do sonho freudiano para o útero do sonho exigiria um outro ensaio para desenharmos, como cegos, a passagem do umbigo-visto para o útero-inviso.

Na literatura de Cixous, a dramaturgia da cegueira e da surdez, formas de inscrição de um certo esquecimento no corpo, se faz através de um teatro na língua, mas também através de imagens, cenas, quadros. Insisto que, tanto em "Lembranças encobridoras" (1899) quanto em seu gêmeo não-idêntico posterior "Lembranças da infância e lembranças encobridoras" (1907), Freud destaca o caráter pictural das lembranças infantis. Em *Ève s'évade*, e em *Hyperrêve*, como veremos adiante, Hélène Cixous assina embaixo, a seu modo, essas afirmações de seu *tio Freud* (*mon oncle Freud*).

Em *Ève s'évade*, a narradora convoca "Cimon e Pero", de Rubens, como indicado acima, e, no rastro de Freud, "O sonho do prisioneiro", de Moritz von Schwind. Pois bem, na narração, a palavra-valise *rêvasion* emerge do retorno à leitura que Freud faz do "Sonho do prisioneiro" não somente para reiterar que um prisioneiro só pode sonhar com a liberdade, como também para reinventar a cena de leitura do quadro colocando lado a lado dois leitores: Freud e Ève. Depois do sonho da viagem a Londres, a mãe de Hélène passa a ser comentadora do quadro ao lado de Freud, pai de Anna. Aludo ao vaivém da dramaturgia da família e sigo adiante.

O corpo centenário da mãe, Ève, está coberto por uma rara doença de pele que a filha unge com cortisona. Nesta cena, a surdez e os esquecimentos provocam uma nova escuta das palavras e uma sintaxe cheia de omissões e interrupções. Dissemina-se pela narração um jogo entre a Visão, marcada pelo invisível, e a Escuta, marcada pela surdez e pelo esquecimento. Esse jogo se inscreve em um novo idioma, idioma de Ève, de *Rêve*, ou idioma de Sonia, de sonho e de sons, que, do ouvido ao escrito, se transforma em idioma Cixous: "Admito o número de enunciados que ela pode traduzir em tremores, em espelhamentos cintilantes, em minas. [...] Eu mesma mudei de língua".[23] Adiante, lê-se:

> *Je chantonne: 'maman adorée, mon petit mouton, mes haricots verts, mon chaton magique, ma joie au cachot' Tout une litanie dont elle n'entend rien. Pour naître je dois retourner à mon for intérieur. C'est la loi. On obéit à la loi aveuglément. L'aveuglément est la condition et le signe que l'on se trouve dans sa juste fatalité.*[24]

Cantarolo: 'mamãe adorada, minha ovelhinha, minha vagenzinha, minha cançãozinha mágica, minha alegria na masmorra' toda uma litania da qual ela não escuta nada. Para nascer devo retornar ao meu foro interior. É a lei. Obedecemos à lei cegamente. A cegueira é a condição e o signo de que nos encontramos em sua justa fatalidade.

Retornar ao foro interior para nascer implicará a ida à Torre de Montaigne, onde, a cada verão, a escritora cumpre o rito para começar a escrever. E, dramaticamente, a ida implica deixar a mãe, metamorfoseada em bebê da filha, em desamparo. "Não posso abandonar minha mãe na margem [como Moisés], não posso não

---

23 H. Cixous, *Ève s'évade – la ruine et la vie*, 2009a, p. 22.

24 Ibid., p. 25.

a abandonar, o pequeno matricida é um pequeno infanticida."[25] Na narrativa, após a menção desse impasse entre partir-para-escrever o livro e permanecer-para-ungir o corpo da mãe, emerge uma lembrança de infância de Oran, cidade Natal de H., na Argélia, onde Cixous passou sua primeira infância. Na borda de uma falésia, a menina perde a mãe de vista, tenta calçar suas sandálias para partir, mas as sandálias não eram as dela. A menina procura a mãe com olhos cegos e grita como louca. E, nessa angústia sem tamanho, ela vê o que não pode ser visto, isto é, toda a sua vida futura antecipada. A voz diz: "*Je vis un effacement*",[26] e o leitor escuta, em *vis*, tanto o ver, quanto o viver: "Eu vi(vi) um apagamento." A busca angustiante pelas sandálias, e pela mãe, está em paralelismo com o que será a insistência da mãe em uma camisa de seda pura, que não cessa de desaparecer, quando uma das vozes narrativas afirmará que tal retorno é uma *impressão-encobridora*.

Tanto a sandália quanto a camisa de seda pura remetem a uma certa nudez a ser encoberta, a dos *pieds-noirs*, a do corpo da mãe, a do vazio deixado pelo esquecimento e pela surdez. Davi Pimentel, na palestra intitulada "Escrever com o *corpobjeto* de Ève, em *Ève s'évade*, de Hélène Cixous", fez um inventário de objetos relacionados a Ève, o que me levou a pensar dois pontos sobre a construção do livro: 1) Ève é o objeto desde sempre perdido, e sua ruína e sua vida encontram formas nesses objetos de sua vida mais prosaica: na bengala, no espremedor e no seio que aparecerá através da visão do quadro de Rubens, "Cimon e Pero", em que a filha amamenta o pai, salvando-o de morrer de fome na prisão: caridade romana e inversão genealógica incestuosa numa só imagem, como vimos acima; 2) a camisola e a bengala não são apenas objetos metonímicos que evocam Ève, quando a lei da cegueira impede de dizê-la toda, mas constituem *impressões-encobridoras* de seu corpo. Da palestra

---

25   Ibid., p. 28.

26   Ibid., p. 29.

de Marlon Augusto Barbosa em torno dos olhos da mãe morta de Stephen Dedalus, no capítulo que Didi-Huberman intitulou "A inelutável cisão do ver", emergiu a pergunta: "Como mostrar um vazio?".[27]

Certamente, a resposta não estará em um conteúdo, em um conceito teórico, mas na própria construção onírica de *Ève s'évade*, quando se inventa mais de uma língua: a *lalemã*, o idioma Ève, o idioma *Rêve*, o idioma Proust-Freud-Joyce-Derrida, para entrelaçar o corpo, a morte, a vida em *lalíngua*, em lembrança de infância, para retomarmos o fio do começo deste texto. A língua-objeto reencontrada porque sempre perdida, a *lalemã*, atravessará a garganta e *formará* o ritmo, a lembrança de infância, o corpo feminino que morre e renasce em pele, em útero, em umbigo, em olho, recebendo os acidentes de vida e de morte. Eis um movimento diferente em relação àquele da língua universal, tal como pensado por Jacques Derrida: "A neutralidade ou ao menos a serenidade imperturbável que deve acompanhar a relação com o verdadeiro e o universal, o discurso filosófico deve garanti-los também através daquilo que se chama de neutralidade do tom".[28]

Depois de quarenta anos, uma das vozes da narração tem a Visão, a que ela chamará de *lembrança de gradinha de ventilação*. Perto do fim, recitarei longamente a construção narrativa:

> *Je reviens au temps et au lieu de l'Apocalypse: il est midi; je suis seule avec la Tour à mon côte [...]. C'est alors que je vois apparaître devant moi, au-dessus des touffes de cœurs-de -marie, la Vision que je reconnais comme à moi destinée depuis toujours, et*

---

27 Didi-Huberman, 1998, p. 35. Esclareço ainda que essas palestras foram proferidas como parte da disciplina "Ève, Hélène, Sigmund se evadem – o sonho e a recordação de infância", ministrada por mim no Programa de Pós-graduação em Ciência da Literatura da Universidade Federal do Rio de Janeiro (UFRJ), de setembro de 2022 a janeiro de 2023. Nesta nota, evoco também as notas inspiradoras trazidas por Amanda Dib a partir deu sua leitura da cegueira em Derrida.

28 J. Derrida, *Gêneses, genealogias, gêneros e o gênio*, 2005, p.18.

qui pendant quarante ans m'était restée inaperçue, toute proche, et maintenue invisible pendant toute la durée de mon aveuglement. [...] Ce qui signifie peut-être que de près, tout près, sans que rien ne nous séparait, je n'aurais pas supporter d'en voir la vérité sans le manteau dont déjà je la vêts. Je me vois appuyée à la Tour comme au corps de plus maternel du monde, saisie par cette double révélation, celle de l'Image, dans laquelle je reconnais le Portrait de mon destin, et celle de cette longue nuit inerte qui m'a gardée pendant quarante ans dans sa caverne. Je vois que je n'ai pas encore décrit cette image. [...] Il est vrai, probablement, que cette difficulté extrême à se laisser décrit, nommer quoi, s'observe souvent pour des scènes ou chez personnes qui reparaissent après des années d'oubli ou d'enfermement. Tout se passe alors comme si l'apparu ou bien l'archéologue de voûtes et des cryptes éprouvait un chagrin contrariant, la crainte de perdre em se manifestant les étranges et pernicieux plaisirs qui suintent dans la crypte. Il fait si sombre, on croit qui l'on va lâcher l'ombre insondable pour nous, nous ne sommes pas sûrs de vouloir le partager même avez nous-mêmes. Je divague. [29]

Retorno ao tempo e ao lugar do Apocalipse: é meio-dia, estou só com a Torre ao meu lado, [...].
É então que vejo aparecer diante de mim, acima dos tufos do coração-de-maria, a Visão que reconheço como destinada a mim desde sempre, e que durante quarenta anos restou desapercebida, bem próxima, e mantida invisível durante toda a duração da minha cegueira. [...] O que significa talvez que de perto, de bem perto, sem que nada nos separasse, eu não teria suportado receber a verdade sem o casaco com que a visto. Me vejo apoiada à Torre como ao corpo mais maternal do mundo, entrada para essa dupla revelação, a da Imagem, na qual reconheço o retrato de meu destino, e a dessa longa noite

---

29   H. Cixous, *Ève s'évade – la ruine et la vie*, 2009a, p. 34-35.

inerte que me guardou durante quarenta anos em sua caverna. Vejo que ainda não descrevi essa imagem. [...] Provavelmente, é verdade que essa dificuldade extrema em se deixar descrever, ou bem nomear, se observa frequentemente para cenas ou com pessoas que reaparecem depois de anos de esquecimento ou de reclusão. Tudo se passa como se o aparecido ou o arqueólogo de abóbodas e de criptas experimentasse uma tristeza perturbadora, o medo de perder aparecendo os estranhos e perniciosos prazeres que escorrem da cripta. Escurece, creio que vamos deixar a sombra insondável por um pouco de luz limitada. O que é um verdadeiro tesouro para nós, não estamos certos de querer compartilhá-los mesmo com nós mesmos. Divago.

Uma página depois, a aparição:

Mais un jour où je sors précipitamment de la Tour seule à ma solitude, et tandis que je m'appuie à as poitrine, um souvenir de soupirail me revient, d'abord vague, puis précisant peu à peu puis foudroyant et avec um étonnement vertigineux je reconnais les barreaux de ma grille, celle sur laquelle repose toute la construction de mon enfance et je rappelle que je suis née d'une prison et d'une liberté.[30]

Mas um dia ao sair precipitadamente da Torre só em minha solitude, e enquanto me apoiava em seu peito, uma lembrança de gradezinha de ventilação retornou em mim, primeiro vaga, se tornando precisa pouco a pouco, depois relampejando e com espanto vertiginoso reconheci as barras de minha prisão, aquelas sobre as quais repousa toda a construção de minha infância e me lembro que sou nascida de uma prisão e de uma liberdade.

---

30   idem, p. 37.

Tal lembrança deixa escapar que ela, a voz da narração no trecho, é nascida de uma liberdade e de uma prisão. Há um jogo sonoro que começa com a palavra *maternel* e se repete em *celle, laquelle, seule, rapelle*, além da evocação das palavras que, mais uma vez, evocam a sonoridade da dissolução da palavra Londres: *sombre, ombre*. *Elle* é um pedaço sonoro do nome próprio Hélène, diríamos, *elle* está sob o efeito do *hache* que corta e que, no desenho da letra H, é escada para a escrita.[31] Jogo (derridiano) infinito entre o nome próprio e a escrita poética das coisas em metamorfose na língua e através de *lalíngua*. Há, portanto, um nome que se desfaz e se refaz, um *elle* que se desdobra em muitas camadas: ela, a lembrança, ela, Hélène, ela, a escrita do livro. Ela, presa ao corpo da mãe, ela, livre na escrita.

Diante do enigma do corpo materno, a narradora faz girar as frases, se desloca em muitas cenas e em muitos tempos, em mais de uma língua, com mais de um ouvido. Evoco o fragmento já citado de *Ciguë: vieilles femmes en fleur*, nele, na cena em que mãe e filha tomam café na cozinha, condensam-se movimentos estruturantes da obra de Cixous. As onomatopeias estão espalhadas pela obra, a epopeia homérica também, mas ela foi destacada no título de uma obra de 2014, criando uma homofonia perturbadora: *Homère est morte* [Homero (Ó mãe) está morta]. Na literatura de Hélène Cixous, a mãe assume muitas formas. A sua pele sofre de uma doença rara e é metonímia e metáfora para o próprio século XX. Enquanto unge suas feridas, a filha lê essa carta, como também é carta, desta vez de amor, o seu sorriso; vestida de branco, ela se transforma na noiva do irmão; e em rainha no tabuleiro de xadrez.

O leitor de Cixous reconhece nesses detalhes um procedimento estrutural de sua escrita: o vaivém com o qual inventa seu *Fort-Da* literário, a passagem do ilegível ao legível, do não-escrito

---

31 Remeto o leitor, mais uma vez, ao livro de Cixous H. Cixous, *Three Steps on the Ladder of Writing*, 1993.

para o escrito, sem nunca se chegar a qualquer legibilidade completa, já que o decifrado novamente cifra o ilegível. O ilegível – *Happ!* – não tarda a abocanhar o legível – *Happy!* E se "tudo está perdido, guardemos a perda",[32] diz ela ao final da autobiografia alemã que é a história de sua relação com a língua alemã, isto é, a língua materna sonorizada que perturba toda univocidade do sentido – a *lalemã*.

Nos confins do universal, a prática da escrita de Cixous recebe deformações, des*lou*camentos, que permitem criar a música da infância, do esquecimento, da diferença sexual em *rêvasion*, em *lalemão*, em *omification*, em *Hyperrêve*. É neste livro que, por acaso, a narradora abre a porta do banheiro enquanto a mãe toma banho e vê seu corpo ainda jovem, vigoroso, esplendoroso. Ela pensa: gostei, mas as feridas! Cito: "Nesta cena reluzia uma luz escaldante e triste em que reconhecemos os momentos que portam um luto antecipado. Eu sabia que eu não tornaria a revê-la. Eu não lutava. Eu tinha vergonha".[33] Ela pensa que sua mãe no presente é o resto indecifrável dessa mulher do passado. Então, a narração prossegue com a narradora vendo a mãe na avó, até o momento em que não pode mais vê-la. Se pudesse olhá-la, poderia traduzi-la. Ela só pode olhá-la e fugir. Já fora, fecha a porta. Em um piscar de olhos, entre a mão e a pele, há um jogo de sombras da filha sobre a mãe e da mãe sobre a filha.

Comecei rasurando "Lembranças encobridoras", título vigente entre 1901 e 1904, apagando *recordação de infância* e escrevendo *lalíngua*, gostaria de atravessar o século XIX para o XX, e finalizar rasurando "Lembranças da infância e lembranças encobridoras", título modificado em 1907, para pensar um desdobramento das palavras-valise, isto é, as imagens-valise. Ambas, a palavra e a imagem, estão grávidas de sons, de ausências, de esquecimentos, de hieróglifos, a serem lidos. Ressuscito:

---

32   H. Cixous e C. Wajsbrot, *Une autobiographie allemande*, 2016b, p. 108.

33   H. Cixous, *Hyperrêve*, 2006a, p. 167.

Gostaria ainda de mostrar, com um único exemplo, como uma lembrança de infância pode ganhar sentido através da elaboração analítica. Quando, aos quarenta e três anos, comecei a dirigir meu interesse para os restos da lembrança da minha infância ocorreu-me uma cena que por muito tempo vez por outra me chegava à consciência. Eu me via exigindo alguma coisa e chorando [...] porque estava eu chorando e o que tinha minha mãe a ver com tudo isso, me era obscuro.[34]

Em minha ficção teórica, o pequeno Sigmund chora a confusão genealógica: o pai muito velho, a mãe e o meio-irmão tão jovens que parecem um casal, embora seja o pai que se deita na cama de sua mãe. O menino chora a irmãzinha que chega. O menino chora e vê a figura esguia de sua mãe para não ver seu ventre grávido.[35] Cegueiras, apagamentos, rasuras lançam sombras sobre o corpo da mãe.

A vergonha seria um vestígio com que a filha encobre o corpo da mãe, este nosso dentro. Depois da cena do banheiro, Ève recebe sobre seu corpo a sombra da vergonha de sua filha. Filha que, em outra cena, se torna a pele de sua mãe. Filha que só em *rêve* pode ver a mãe grávida. Grávida de manuscritos e de olhos fechados, afinal, a cegueira é a condição e o signo de que nos encontramos na justa fatalidade – a de ter nascido. Do leito de morte ao leito do parto, grito, choro, balbucio, ao longe, a *lalemã*, em *Rêvasion*, o ouvido da sobrinha estava ao lado para redoar a sobrevida aos seus mortos, jamais tão vivos quanto nessas folhas que partem para serem lidas e, quem sabe, ressuscitadas.

Afinal, um bebê já sabia que "Sobreviver é nossa vocação."

---

34 S. Freud, *Obras completas. Volume VI: Sobre a psicopatologia da vida cotidiana*, 1996, p. 64-65.

35 Remeto à bela leitura de Braustein, *Memoria y espanto o el recuerdo de infância*, 2008, p. 38-54.

Paris, pelas minhas lentes, na quase primavera de 2020.

REFERÊNCIAS BIBLIOGRÁFICAS

AGAMBEN, Giorgio. *O que resta de Auschwitz: o arquivo e a testemunha (Homo Sacer III)*. Trad. Selvino J. Assman. São Paulo: Boitempo, 2008.

_____. *Infância e história: destruição da experiência e origem da história*. Trad. Henrique Burigo. Belo Horizonte: Editora UFMG, 2008.

ALLOUCH, Jean. *Letra a letras: transcrever, traduzir, transliterar*. Trad. Dulce Duque Estrada. Rio de Janeiro: Campo Matêmico, 1995.

AMÉRY, Jean. *Além do crime e castigo: tentativas de superação*. Trad. Marijane Lisboa. Rio de Janeiro: Contraponto, 2013.

ARENDT, Hannah. *Eichmann em Jerusalém: um relato sobre a banalidade do mal*. Trad. José Rubens Siqueira. São Paulo: Companhia das Letras, [1969] 1999.

AUERBACH, Erich. "A meia marrom", in _____. *Mimesis*. 2. ed. rev. São Paulo: Perspectiva, 1987.

BALZAC, Honoré de. *O coronel Chabert*. Trad. Eduardo Brandão. São Paulo: Penguin Classics Companhia das Letras, 2013.

BARTHES, Roland. "Isso pega", in _____ *Inéditos*: vol. 2 – Crítica. Trad: Ivone Castilho Benedetti. São Paulo: Martins Fontes, 2004.

BENNINGTON, Geoffrey; DERRIDA, Jacques. *Jacques Derrida*. Trad. Anamaria Skinner. Rio de Janeiro: Zahar, 1996.

BERGER, Anne-Emanuelle. "Appels", in SEGARRA, Marta (org.). *L'événement comme écriture: Cixous et Derrida se lisant*. Paris: Éditions Campagne Première, 2007.

BERNHARD, Thomas. "A causa", in _____. *Origem*. Trad. Sergio Tellaroli. São Paulo: Companhia das Letras, 2006.

BINES, Rosana Kohl. *Infância, palavra de risco*. Rio de Janeiro: Editora PUC-Rio, 2022.

BRAUNSTEIN, Nestor. *Memoria y espanto o el recuerdo de infância*. México; Argentina; Espanha: Siglo Veintiuno Editores, 2008.

CALLE-GRUBER, Mireille. *Hélène Cixous: croisées d'une oeuvre*. Paris: Galilée, 2000.

_____; MALLET, Marie-Louise. *Travessias da escrita: leituras de Hélène Cixous e Jacques Derrida*. Trad. e prefácio Fernanda Bernardo. Braga: Palimage Editores, 2003.

CANDIDO, Antonio, *Vários Escritos (Ensaios)*. São Paulo: Livraria Duas Cidades, 1970.

CARDOZO, Mauricio Mendonça. "Haroldo de Campos: recriação, transcriação e a tradução como forma de vida", in SISCAR, Marcos; MORAES, Marcelo Jacques de; CARDOZO, Maurício Mendoza. *Vida poesia tradução*. Rio de Janeiro: 7 Letras, 2021.

CASSIN, Barbara; MATIEU, Maurice. *Voir Hélène en toute Femme*. Paris: Institut d'édition Sanofi-Synthélabo, 2000.

CASSIN, Barbara. *Avec les plus petit et le plus inapparent des corps*. Paris: Fayard, 2007.

CELAN, Paul. *Arte poética:* O Meridiano e outros textos. Trad. João Barrento e Vanessa Milheiro. Lisboa: Cotovia, 1996.

CIXOUS, Hélène. *Prénoms de Personne*. Paris: Seuil, 1974.

_____. *Le livre de Promethea*. Paris: Gallimard, 1983.

_____. *Dedans*. Paris: Éditions des femmes, 1986.

_____. "La venue a l'écriture", in *Entre l'écriture*, Paris: des femmes, 1986.

_____. *Manne: aux Mandelstams, aux Mandelas*. Paris: des femmes, 1988.

_____. *L'heure de Clarice Lispector*. Paris: des femmes, 1989. [Ed. bras.: *A hora de Clarice Lispector*. Trad. Marcia Bechara. São Paulo: Nós, 2022.]

_____. *Jours de l'na*. Paris: des femmes, 1990a.

_____. *Three Steps on the Ladder of Writing*. Nova York: Columbia University Press, 1993.

_____. *Or: les lettres de mon père*. Paris: Éditions des femmes, 1997.

_____; CALLE-GRUBER, Mireille. *Hélène Cixous, Rootprints: Memory and Life Writing*. Londres; Nova York: Routledge, 1997.

_____. "Savoir" [Saber], in _____. *Voiles*. Paris: Galilée, 1998a.

_____. *Un vrai jardin*. Paris: des femmes, 1998b.

_____. *Osnabrück*. Paris: des femmes,1999.

_____. *Les Rêveries de la femme sauvage*. Paris: Galilée, 2000a.

_____. *Le jour où je n'étais pas là*. Paris: Galilée, 2000b.

_____. *Portrait de Jacques Derrida en jeune saint juif*. Paris: Galilée, 2001a.

_____. "Saber ver", in *Véus... à vela*. Trad. Fernanda Bernardo. Coimbra: Quarteto, 2001b.

_____. *Manhattan: lettres de la préhistoire*. Paris: Galilée, 2002.

_____. *Rêve je te dis*. Paris: Galilée, 2003a.

_____. *Amour du loup et autre remords*. Paris: Galilée, 2003b.

_____. "Aller vers le plus effrayant". Paris: L'Harmattan, 2003c.

_____. *Hyperrêve* [Hipersonho]. Paris: Galilée, 2006a.

_____. *Insister – à Jacques Derrida*. Paris: Galilée, 2006b.

_____. *Revirements: dans l'antartique du coeur*. Paris: Galilée, 2011.

_____. "Celle qui ne se ferme pas" in CHERIF, Mustapha (org.). *Derrida à Alger; un regard sur le monde*. Paris: Acte du Sud, 2008b.

CIXOUS, Hélène. *Cigüe: vieilles femmes en fleurs*. Paris: Galilée, 2008a.

CIXOUS, Hélène. *Tombe*. Paris: Seuil, 2008b.

CIXOUS, Hélène. *Ève s'évade: la ruine et la vie*. Paris: Galilée, 2009a.

_____. *Philippines: prédelles*. Paris: Galilée, 2009b.

_____. "A Kind of Magic", in *A Journal of Modern Critical Theory*, Edimburgo, Edinburgh University Press, vol. 36, n° 2, jul, 2013, p. 161-188.

_____. *Homère est morte*. Paris: Galilée, 2014a.

_____. *Le détrônement de la mort: journal du Chapitre Los*. Paris: Galilée, 2014b.

_____. *Gare d'Osnabrück à Jerusalém*. Paris: Galilée, 2016a.

_____; WAJSBROT, Cécile. *Une autobiographie allemande*. Paris: Éditions Christian Bourgois, 2016b.

_____. "Extrema fidelidade", in LISPECTOR, Clarice. *A hora da estrela: edição com manuscritos e ensaios inéditos*. Rio de Janeiro: Rocco, 2017.

_____. *Les sans arche d'Adel Abdessemed et autres coups de balai*. Paris: Gallimard, 2018a.

_____. *Ayaï! Le cri de la littérature*. Paris: Gallilée, 2018b. [Ed. bras.: *Ayaï! O grito da literatura*, trad. Flavia Trocoli, Rio de Janeiro: Bazar do Tempo, no prelo.]

_____. *1938, nuits*. Paris: Galilée, 2019.

_____. *Ruines bien rangées*. Paris: Gallimard, 2020a.

_____. *Lettres de fuites*. Paris: Gallimard, 2020b.

_____. *Mdeilmm – parole de taupe*. Paris: Gallimard, 2022.

_____. *Incendire: qu'est-ce qu'on emporte?* Paris: Gallimard, 2023.

DAWNSON, Mark, HANRAHAN, Mairead; PRENOWITZ, Eric. "Cixous, Derrida, Psychoanalysis", *A Journal of Modern Critical Theory*. Edimburgo, Edinburgh University Press, vol. 36, n° 2, 2013.

DEBRAUWERE-MILLER, Nathalie. "Hélène Cixous, la passante de l'histoire", *Dalhousie French Studies*, vol. 84, 2008.

DELEUZE, Gilles. "Hélène Cixous ou a escrita estroboscópica", in *A ilha deserta*. Trad. Fabien Lins, São Paulo: Iluminuras, 2006.

DERRIDA, Jacques. *A escritura e a diferença*. Trad. Maria Beatriz Marques Nizza da Silva. São Paulo: Perspectiva, 1971.

_____. *Parages*. Paris: Galilée, 1986.

_____. *A farmácia de Platão*. Trad. Rogério da Costa. São Paulo: Iluminuras, 1997.

_____. *Mal de arquivo: uma impressão freudiana*. Trad. Cláudia Moraes Rego. Rio de Janeiro: Relume Dumará, 2001.

_____. *O monolinguismo do outro*. Trad. Fernanda Bernardo. Porto: Campo das Letras, 2001.

_____. *Demorar: Maurice Blanchot*. Trad. Flavia Trocoli e Carla Rodrigues. Florianópolis: Editora UFSC, 2015.

_____. *Donner la mort*. Paris: Galilée, 1999.

_____. "H.C. pour la vie, c'est à dire" in CALLE-GRUBER, Mireille. *Hélène Cixous: croisées d'une oeuvre*. Paris: Galilée, 2000.

_____. *Chaque fois unique, la fin du monde*. Paris: Galilée, 2003.

_____; SANTOS, Olivia Niemeyer. "O que é uma tradução 'relevante'?" *ALFA: Revista de Linguística*, vol. 44, 2001.

_____. "A fita de máquina de escrever (Limited Ink II)", in _____. *Papelmáquina*. Trad. Evando Nascimento. São Paulo: Estação Liberdade, 2004.

_____. *Gêneses, genealogias, gêneros e o gênio*. Trad. Eliane Lisboa. Porto Alegre: Sulina, 2005.

_____. *D'un ton apocalyptique adopté naguère en philosophie*. Paris: Galilée, 2005.

_____. *Fichus*. Paris: Galilée, 2002.

_____. *Apprendre à vivre enfin – entretien avec Jean Birnbaum*. Paris: Galilée; Le Monde, 2005.

DIDI-HUBERMAN, Georges. *O que vemos, o que nos olha*. Trad. Paulo Neves. São Paulo: Editora 34, 2010.

_____. *Sair da escuridão*. Trad. Ricardo Lessa Filho e Ângela Cristina Salgueiro Marques. Belo Horizonte: Edições Chão de Feira, 2021.

ÉSQUILO. *Eumênides*. Estudo e tradução Jaa Torrano. São Paulo: Iluminuras, 2018.

FELMAN, Shoshana. *What does a Woman Want? Reading and Sexual difference*. Baltimore: Johns Hopkins Press, 1993.

FREUD, Sigmund. *Correspondência de amor e outras cartas (1873-1939)*. Trad. Agenor Soares Santos. Rio de Janeiro: Nova Fronteira, 1982.

_____. *Conferências introdutórias à psicanálise* (1916-1917). Trad. Sergio Tellaroli. São Paulo: Companhia das Letras, 2014.

_____. *A interpretação dos sonhos*. Trad. Renato Zwick. Porto Alegre: L&PM, 2020.

_____. "Por que a guerra?", in _____. *O mal-estar na civilização, novas conferências introdutórias e outros textos Sigmund Freud*. Trad. Paulo César de Souza. São Paulo: Companhia das Letras, 2010.

_____. *Obras completas. Volume VI: Sobre a psicopatologia da vida cotidiana*. Trad. do alemão e do inglês sob direção de Jayme Salomão. Rio de Janeiro: Imago, 1996.

_____. "Nota sobre o Bloco Mágico", in: _____. *Obras completas. Volume 16: O Eu e o Id, "Autobiografia" e outros textos*. Trad. Paulo César de Souza. São Paulo: Companhia das Letras, 2011.

_____. *Obras completas. Volume 13: Conferências Introdutórias à psicanálise*. Trad. Sergio Tellaroli. São Paulo: Companhia das Letras, 2014.

_____. *Obras completas. Volume 2: Estudos sobre a histeria em coautoria com Josef Brauer*. Trad. Laura Barreto. Revisão da tradução Paulo César de Souza. São Paulo: Companhia das Letras, 2016.

FUKS, Betty Bernardo *Freud e a judeidade: a vocação do exílio*. Rio de Janeiro: Jorge Zahar, 2000.

GAY, Peter. *Freud: uma vida para nosso tempo*. Trad. Denise Bottman. São Paulo: Companhia das Letras, 1989.

HELLER-ROAZEN, Daniel. *Ecolalias: sobre o esquecimento das línguas*. Trad. Fabio Akcelrud Durão. Campinas: Editora da Unicamp, 2010.

HOUAISS. Grande Dicionário Houaiss. Consulta em: 15 ago. 2020.

JENSEN, Wilhelm. *Gradiva: uma fantasia pompeiana*. Trad. Angela Melim. Rio de Janeiro: Zahar, 1987.

JOYCE, James. *Retrato do artista quando jovem*. Trad. Caetano W. Galindo. São Paulo: Companhia das Letras, 2016.

KOFMAN, Sarah. *A infância da arte: uma interpretação da estética freudiana*. Trad. Maria Ignez Duque Estrada. Revisão técnica: Cláudia Moraes Rego. Rio de Janeiro: Relime Dumará, 1996.

KUSPIT, Donald. "Uma metáfora poderosa: a analogia entre a arqueologia e a psicanálise", in Geraldo Jordão Pereira (org.). *Sigmund Freud e arqueologia: sua coleção de antiguidades*. Rio de Janeiro: Salamandra, 1994.

LACAN, Jacques. *O seminário – Livro 1: Os escritos técnicos de Freud*. Versão brasileira Betty Milan. Rio de Janeiro: Zahar, 1986.

_____. *O seminário, livro 7: A ética da psicanálise*. Versão brasileira: Antonio Quinet. Rio de Janeiro: Zahar, 1988.

_____. *O seminário, livro 8: A transferência*. Versão brasileira: Dulce Duque Estrada. Rio de Janeiro: Zahar, 1992.

LAURENS, Camille. *Polyphonie polyphênix* in SEGARRA, Marta (org.). *Hélène Cixous. Corollaires d'une écriture*. Paris: Presses Universitaires de Vincennes, 2019.

LEMOS, Cláudia Thereza Guimarães de. "Corpo e corpus", in LEITE, Nina. *CorpoLinguagem: gestos e afetos*. Campinas: Mercado de Letras, 2003.

_____. "Fragmentos de verdade e construção: uma questão da clínica e de sua transmissão para Freud", in LEITE, Nina e VORCARO, Angela. *Giros da transmissão em psicanálise*. Campinas: Mercado de Letras; Fapesp, 2009.

_____. "O Moisés de Freud e o Joyce de Lacan: o pedestal e o escabelo." In: J. G. Milán-Ramos; Nina Leite; Suely Aires. *A historicidade não é o que se espera*: caso, ficção e poesia em psicanálise. Campinas: Mercado de Letras, 2017.

LEVI, Primo. *É isto um homem?* Trad. Luigi Del Re. Rio de Janeiro: Rocco, 1988.

LISPECTOR, Clarice. "A imitação da rosa", in _____. *Laços de família*. Rio de Janeiro: Francisco Alves, 1993.

_____. *Perto do coração selvagem*. Rio de Janeiro: Nova Fronteira, 1986a.

_____. *A paixão segundo G.H.* Rio de Janeiro: Nova Fronteira. 11 ed., 1986b.

_____. *A maçã no escuro*. Rio de Janeiro, Nova Fronteira, 1992.

_____. *A hora da estrela*. Rio de Janeiro: Rocco, 1998.

_____. *A legião estrangeira*. São Paulo: Siciliano, 1992.

_____. *A descoberta do mundo*. Rio de Janeiro: Rocco, 1999.

MANNONI, Maud. *A teoria como ficção*. Trad. Roberto Cortes de Lacerda, Waltensir Dutra. Rio de Janeiro: Campus, 1979.

MELLO e SOUZA, Gilda. "O vertiginoso relance", in _____. *Exercícios de leitura*. São Paulo: Duas Cidades; Ed. 34, 2009

MICHAUD, Ginette. *Battements du secret littéraire. Lire Jacques Derrida et Hélène Cixous.* Volume I. Paris Herman, 2010.

_____. *"Comme em rêve..." Lire Jacques Derrida et Hélène Cixous. V. 2*. Paris: Herman, 2010.

_____. *Lire dans la nuit et autres essais. Pour Jacques Derrida*. Montreal: Les Presses de l'Université de Montréal, 2020.

_____. "Éphe-mère. Ève s'évade et la ruine et la vie d'Hélène Cixous. "Lignes fictives"", *Spirale*, nº 231, 2010.

MIROIR, Jean-Claude Lucien. *Clarice Lispector via Hélène Cixous: uma leitura-escritura em vis-à-vis*. Dissertação de Mestrado, Universidade de Brasília, Brasília, 2009.

MOTTA, Leda Tenório da. "Balzac em Proust: notas sobre a derradeira Albertine" in BERTHIER, Philippe. *Balzac, a obra-mundo: o colóquio de São Paulo*. Trad. Luciano Vieira Machado e Mônica Cristina Côrrea. São Paulo: Estação Liberdade, 1999.

MORAES, Marcelo Jacques. "'Tudo está perdido, guardemos a perda': das ruínas que rangem em Hélène Cixous.", in ALKIMIN, Martha Alkimin e FERRAZ, Eucanaã (orgs). *Ruína: Literatura e pensamento*. Rio de Janeiro: Papéis Selvagens, 2022.

NASCIMENTO, Evando. *Derrida e a literatura*. São Paulo: Editora É Realizações, 2015.

PIMENTEL, Davi. Traduzir o (in)traduzível idioma de Hélène Cixous. *Caligrama*. Belo Horizonte, vol. 28, nº 1, 2023.

POMMIER, Gérard. *Le dénouement d'une analyse*. Paris: Flammarion, 1996.

PRENOWITZ, Eric. "Je't", in SEGARRA, Martha. *L'événement comme écriture: Cixous et Derrida se lisant*. Paris: Éditions Campagne Première, 2007.

PROUST, Marcel. "Notas sobre a literatura e a crítica", in *Contre Sainte-Beuve*. Trad. Haroldo Romanzini. São Paulo: Iluminuras, 1988.

_____. *O caminho de Guermantes*. Tradução de Fernando Py. Rio de Janeiro: Ediouro, 2004a.

_____. *O tempo recuperado*. Trad. Fernando Py. Rio de Janeiro: Ediouro, 2004b.

_____. *No caminho de Swann*. Trad. Mario Quintana. 3. ed. São Paulo: Globo, 2006.

_____. *Sodoma e Gomorra*. Trad. Mario Quintana. 3. ed. São Paulo: Globo, 2008.

_____. *A prisioneira*. Trad. Manuel Bandeira e Lourdes Sousa de Alencar. 13. ed. São Paulo: Globo, 2011.

_____. *O tempo recuperado*. Trad. Fernando Py. Rio de Janeiro: Ediouro, 2004.

RAHIMI, Atiq. *Terra e cinzas: um conto afegão*. Trad. Flavia Nascimento. São Paulo: Estação Liberdade, 2002.

REMARQUE, Erich Maria. *Nada de novo no front*. Trad. Helen Rumjanek. Porto Alegre: LP&M, 2004.

RICOEUR, Paul. "O pecado original: estudo da significação" in *O conflito das interpretações: ensaios de hermenêutica*. Trad. M.F. Sá Correia. Porto: Rés Editora, s/d.

_____. *A memória do sofrimento. A hermenêutica bíblica*. Trad. Paulo Meneses. São Paulo: Edições Loyola, 2006.

ROUCHOUZE, Charlotte Gehl. "L'an prochain à Alger. Temps et Pays dans Les rêveries de la femme sauvage d'Hélène Cixous" in *Actes du coloque international Temporalités de l'exil*. Disponível em http://www.poexil.umontreal.ca/events/colloquetemp/colloqtempactes.html. Acesso em 26 out. 2021.

ROUDINESCO, Elisabeth e PLON, Michael, *Dicionário de psicanálise*, trad. Vera Ribeiro. Rio de Janeiro: Zahar, 1998.

ROYLE, Nicholas. *Hélène Cixous: Dreamer, Realist, Analyst, Writer*. Manchester: Machester Univeristy Press, 2020.

SCHWARZ, Roberto. "Uma barata é uma barata é uma barata" in _____. *A sereia e o desconfiado*. Rio de Janeiro: Paz e Terra, 1986.

SEGARRA, Marta (org.). *L'événement comme écriture: Cixous et Derrida se lisant*. Paris: Éditions Campagne Première , 2007.

SEGARRA, Marta "La liberté éclairant la littérature", in: Hélène Cixous: corollaires d'une écriture. Paris: Presses Universitaires de Vincennes, 2019.

SELLERS, Susan (org.). The Hélène Cixous Reader. With a preface by Hélène Cixous and foreword by Jacques Derrida. Londres/Nova York: Routledge, 1996.

SHAKESPEARE, William. "Macbeth" in LEÃO, Liana de Camargo (org.). *Grandes obras de Shakespeare. Tragédias*. Trad. Barbara Heliodora. Rio de Janeiro: Nova Fronteira, 2017.

_____. "A tempestade" in LEÃO, Liana de Camargo (org.). *Grandes obras de Shakespeare. Tragédias*. Trad. Barbara Heliodora. Rio de Janeiro: Nova Fronteira, 2017.

SISCAR, Marcos. *Jacques Derrida – Literatura, Política e Tradução*. Campinas: Autores associados, 2013.

_____. "A tradução extravagante: Maria Gabriella Llansol, leitora de Baudelaire" in SISCAR, Marcos; MORAES, Marcelo Jacques de; CARDOZO, Maurício Mendoza. *Vida poesia tradução*. Rio de Janeiro: 7 Letras, 2021.

SLOTERDIJK, Peter. Derrida, um egípcio: o problema da pirâmide judia. Trad. Evando Nascimento. São Paulo: Estação Liberdade, [2006] 2009.

STAROBINSKI, Jean. *La relación crítica*. Trad. Ricardo Figueira. Buenos Aires: Nueva Visión, 2008.

TROCOLI, Flavia. "Assombros do Autobiográfico" in EYBEN, Piero. (org.). *Poética, política: assombros da desconstrução*. Vinhedo: Editora Horizonte, 2019.

_____. "Memória de Marcel Proust e de Jacques Derrida em Hyperrêve [Hypersonho] de Hélène Cixous" in FARIA, Joelma Pereira de, SANTANA, Juliana de Castro e NOGUEIRA, Luciana (org.). *Linguagem, arte e o político*. Campinas: Pontes Editores, 2020.

_____. "Insistir no Eu, destronar o Eu, passar à literatura: movimentos da obra de Hélène Cixous". *Alea: Estudos Neolatinos*, vol. 22, n° 3, p. 181-195, 2020.

_____. "O pai sublimado e a criança morta não sublimada: experiência do limite em Hélène Cixous" in *Da sublimação à invenção*. Campinas: Mercado de Letras, 2021.

_____. "A criança no campo de batalha" in SOARES, Leonardo (org.) *Guerra e literatura: ensaios em* emergência. São Paulo: Alameda, 2022.

_____. "Hélène Cixous: escavar ruínas, ressuscitar a criança" ALKIMIN, Martha Alkimin e FERRAZ, Eucanaã (org.). *Ruína: literatura e pensamento*. Rio de Janeiro: Papéis Selvagens, 2022.

_____. "A lembrança de infância, a imagem-valise e a lalemã de Cixous" in LASCH, M. et al. *O corpo na ponta de* lalíngua. Campinas: Mercado de Letras, 2023.

_____ e SOUZA, Francisco Renato de. "Sob as flores – Hélène Cixous reescreve inscrições apagadas de Proust, de Freud". Alea, Rio de Janeiro, vol. 24, n° 3, p. 167-183, set.-dez. 2022.

VAN ROSSUM-GUYON, Françoise. "A propos de Manne. Entretien avec Hélène Cixous"in VAN ROSSUM-GUYON, Françoise e DÌAZ-DIOCARETZ, Myriam (org.). *Hélène Cixous, chemins d'une écriture*. Paris: Presses Universitaires de Vincennes, 1990.

WAJCMAN, Gérard. "A arte, a psicanálise, o século" in _____. *Lacan, o escrito, a imagem*. Trad. Yolanda Vilela. Belo Horizonte: Autêntica, 2012.

WOOLF, Virginia. *O quarto de Jacob*. Trad. Tomaz Tadeu. Belo Horizonte: Autêntica, 2019.

_____. *The Waves*. San Diego/Nova York/Londres: A Harvest Book/Harcourt Inc., 1959. [Ed. bras.: *As ondas*. Trad. Tomaz Tadeu. Belo Horizonte: Autêntica: 2021.]

AGRADECIMENTOS

Ao CNPq, à Faperj e à Capes. Sem o fomento dessas agências, certamente este livro não chegaria dessa forma e nesse tempo em nossas mãos.

Aos meus colegas da UFRJ que deixaram de alguma forma rastros neste livro. Permito-me citar os nomes daqueles que, durante esta pesquisa, ocuparam cargos administrativos e, no período de composição deste livro, foram as formiguinhas que carregaram nos ombros a sobrevida da universidade: Ricardo Pinto de Souza, Mariana Patrício, Eduardo Coelho e Paulo Tonani. Priscila Matsunaga faz parte desta cena, e de tantas outras, que a gratidão a ela é diária.

A Elena Palmero, Simone Moschen, Jorge Ramos do Ó, Markus Lasch, Nina Leite Leonardo Soares, Eucanaã Ferraz, Martha Alkimin, Suely Aires e Conceição Azenha, que editaram os textos publicados neste livro quando eles chegaram ao mundo e, prontamente, mediaram com suas editoras essa segunda vida.

A Ana Cecilia Impellizieri Martins e às mulheres da Bazar do Tempo.

A Marta Segarra, Nadia Setti, Anne Berger, no LEGS-Paris 8. A João Camillo Penna, amigo e pré-história dessa cena. A Hélène Cixous, pela palavra precisa, quase inaudível, mas que, no fim, permite o voo. A Emanuele Arioli, pelo que se tece entre o norte da França e as areias de Copacabana.

A Ana Alencar, Davi Pimentel, Marcelo Jacques de Moraes, Nathalie Noelle de Carvalho e a Paulo Sergio de Souza Jr., que, em diferentes momentos, me emprestaram seus ouvidos para colocar a escrita de Cixous em tradução.

A Amanda Dib, Danielle Magalhães, Francisco Camêlo, Marlon Barbosa, Patrick Bange, Renata Estrella, Nlaisa Luciano, presentes através da paixão da transmissão, para lá e para cá. À memória de Cláudia Feitosa, que partiu cedo demais.

A Francisco Renato de Souza, por fazer parte deste livro e, sobretudo, por ser parte do meu arquivo-Proust.

A Caio Meira, pela lembrança viva de uma aula, pelo que encoraja.

A Tatiana Pequeno, da Universidade Federal Fluminense (UFF); Davi Pinho e Fernanda Medeiros, da Universidade do Estado do Rio de Janeiro (UERJ) ; Maurício Cardozo, da Universidade Federal do Paraná (UFPR); Jonas Samudio, da Universidade Federal de Minas Gerais (UFMG); Lucia Castello Branco, da UFMG e da Universidade Federal de da Bahia (UFBA); Markus Lasch e Paloma Vidal, da Universidade Federal de São Paulo (Unifesp); Ana Kiffer e Rosana Kohl Bines, da Pontifícia Universidade Católica do Rio de Janeiro (PUC-Rio); Mariangela Andrade, da Universidade Católica Salesiana (UNISAL); Nina Leite, da Universidade Estadual de Campinas (UNICAMP), Andrea Jeftanovic, da Universidad de Santiago de Chile (UNISACH), Mary Luz Estupiñán Serrano (Univ. Chile-Valparaíso), Natália López (Univ. Chile-Santiago) e Anna Bracher (na ocasião da pesquisa, diretora do Instituto Guimarães Rosa, da Embaixada do Brasil em Santiago), pelo que convida a ler e a reler.

Aos meus colegas do *Outrarte*, em especial aos participantes do grupo A Autobiografia Depois de Freud, pelo caminho compartilhado.

A Cláudia Lemos, primeira leitora sempre, e a Amélia Martins, pela escuta das cartas da noite.

A meu pai, minha mãe, minhas irmãs, incluindo a Dedé e a Vic, e a meus cunhados, companhias incontestáveis na minha tentativa de reconstruir pelo menos uma flor por meio da leitura e da escrita.

Este livro foi editado pela Bazar do Tempo
em maio de 2024, na cidade de São Sebastião do Rio de Janeiro,
e impresso em papel Avena 80 g/m² pela gráfica Leograf.
Foram usados os tipos Neima e Adobe Calson Pro.